和谐校园文化建设读本

罗素名言录

袁小平/编写

LUOSUMINGYANLU

吉林出版集团股份有限公司
吉林教育出版社

图书在版编目(CIP)数据

罗素名言录 / 袁小平编写. — 长春 ：吉林教育出版社，2012.6(2022.10重印)

(和谐校园文化建设读本)

ISBN 978-7-5383-8769-8

Ⅰ. ①罗… Ⅱ. ①袁… Ⅲ. ①罗素，B.(1872～1970)—箴言—青年读物②罗素，B.(1872～1970)—箴言—少年读物 Ⅳ. ①B561.54-49

中国版本图书馆 CIP 数据核字(2012)第 116020 号

罗素名言录

LUOSU MINGYAN LU

袁小平　编写

策划编辑　刘　军　　潘宏竹

责任编辑　庞　博　　**装帧设计**　王洪义

出版　吉林出版集团股份有限公司(长春市福祉大路5788号　邮编 130118)

吉林教育出版社(长春市同志街 1991 号　邮编　130021)

发行　吉林教育出版社

印刷　北京一鑫印务有限责任公司

开本　710 毫米×1000 毫米　1/16　**印张**　9.5　**字数**　121 千字

版次　2012 年 6 月第 1 版　**印次**　2022 年 10 月第 2 次印刷

书号　ISBN 978-7-5383-8769-8

定价　39.80 元

编 委 会

总序

千秋基业，教育为本；源浚流畅，本固枝荣。

什么是校园文化？所谓“文化”是人类所创造的精神财富的总和，如文学、艺术、教育、科学等。而“校园文化”是人类所创造的一切精神财富在校园中的集中体现。“和谐校园文化建设”，贵在和谐，重在建设。

建设和谐的校园文化，就是要改变僵化死板的教学模式，要引导学生走出教室，走进自然，了解社会，感悟人生，逐步读懂人生、自然、社会这三本大书。

深化教育改革，加快教育发展，构建和谐校园文化，“路漫漫其修远兮”，奋斗正未有穷期。和谐校园文化建设的研究课题重大，意义重要，内涵丰富，是教育工作的一个永恒主题。和谐校园文化建设的实施方向正确，重点突出，是教育思想的根本转变和教育运行机制的全面更新。

我们出版的这套《和谐校园文化建设读本》，既有理论上的阐释，又有实践中的总结；既有学科领域的有益探索，又有教学管理方面的经验提炼；既有声情并茂的童年感悟；又有惟妙惟肖的机智幽默；既有古代哲人的至理名言，又有现代大师的谆谆教诲；既有自然科学各个领域的有趣知识；又有社会科学各个方面的启迪与感悟。笔触所及，涵盖了家庭教育、学校教育和社会教育的各个侧面以及教育教学工作的各个环节，全书立意深邃，观念新异，内容翔实，切合实际。

我们深信：广大中小学师生经过不平凡的奋斗历程，必将沐浴着时代的春风，吸吮着改革的甘露，认真地总结过去，正确地审视现在，科学地规划未来，以崭新的姿态向和谐校园文化建设的更高目标迈进。

让和谐校园文化之花灿然怒放！

本书编委会

目录

人生篇

道德・家庭篇

政治篇

社会·教育篇

治学篇

思想·信念·人格篇

人　生　篇

1. 人生在于创造，而不是占有

生活中有了这种精神——意在创造而非索取的精神，那么就会有一种根本的快乐，即不会被逆境所完全掠夺的快乐。那些找到这种生活方式的人就会从恐惧的压抑中解放出来。

——《真与爱——罗素散文集》

是我们创造了价值，是我们的欲望授予了价值。在这个王国里我们是国王，如果我们向自然卑躬屈节，我们就降低了自己国王的身份。应该由我们来决定高尚的生活，而不是由自然来决定——哪怕是由人格化为上帝的自然来决定也不行。

——《真与爱——罗素散文集》

生活不应该过于拘泥，过于刻板；我们的冲动在不给别人造成肯定的破坏或伤害的情况下，只要有可能就要任其自由发挥；应该有从事冒险的余地，人的本性我们应当尊重，因为我们的冲动与欲望是创造我们幸福的要素。

——《真与爱——罗素散文集》

如果政治创造性得不到出路，人们的社会干劲和对于公共事务的兴趣会归于消失。他们会变成贪污舞弊的幕后牵线人的俘虏，或被感情贩卖者所俘获，因为他们善于抓住人的疲倦而无所归宿的注意力。

——《社会改造原理》

我们所需要的，不是禁欲主义，或是一种单调的清教主义，而是把有力的冲动和愿望导向大的创造性目标的才能。

——《社会改造原理》

创造意味着把好的东西放到世界里去，若不如此，就没有人能够享受；占有意味着取得或保全某些好的东西使别人不得享受。

在政治和私人生活里的最高原则都应该是促进一切创造性的东西，从而减少围绕着占有的冲动和愿望。

——《社会改造原理》

我们不想让谁过着怠惰逸乐的生活，无论他过的这种生活多么高贵文雅。我们认为任何人都应该做些有助于伟大事业的事情。

——《真与爱——罗素散文集》

快乐的生活，必为其中有所活动的生活。若要这生活，也成为有用的生活，这活动应当为尽量的创造的，而不仅为劫夺的或保护的。但是创造的活动需要想象力和创造力，这乃是现状所反对的。现在有权的人，以破坏现状为忧，怕他们不公平的权利被人削夺。以现在秩序为有益，而兼有人类和其他群居动物所共有的习俗的本能的人，建立了一种从初入学到老死和下葬的时候，永远斥责创造力，或饿死想象力的制度。

——《政治理想》

真正的彻底有生气的改革，也应当有超目前的眼界以外的想象，觉悟人类可以随自己所选将人类生活造成怎么样。若没有这样的希望，人类就没有胜过反对所必要的精力和热忱，或在他的宗旨不受欢迎的时候，就没有坚持的毅力。所有各个真心诚意希望生活情形中有大大的改良的人，第一必得和嘲笑奋斗，然后和压迫，然后和利诱，及狡谋的企图。我们由苦痛的经验中，知道经过这三层磨难而不受损伤的人，是何等的少；而在末后一层，当全地的宝藏都呈现在面前的时候，除了那些有明晰的思想，使得他们最后的目的活泼地现在目前的人以外，脱离毕竟很难，差不多竟是不可能的了。

——《政治理想》

我们可以分别两种财，和两种相当的行动。有种财是能为个人占据的，有种财为人人有份的。一个人的食物和衣服，不是另一个人的食物和衣服，若是供给不足，则一个人所得，就是牺牲别人来的；这原理可应用于物质的财，也可以应用于世界上现在的经济生活的大部分。在另一方面，精神的财，不是属于一人而排斥别人的。设有人知道一种科学，这并不是阻止别人知道他，反帮助他们要求这种知识。设有一人，他是一个大美术家或诗人，这并不阻止别人画画或作诗，反帮助造成一种能造成这些事的空气。

——《政治理想》

和两种财富相当的，就有两种冲动。有占据的冲动，他的目的，在取得及维持那不能分享的私有财富，这种冲动集中于财产的冲动。又有创造的或建设的冲动，他的目的在把那不可秘密占有的财富带到世上，或使这种财富成为有用。

——《政治理想》

物质上的占有，能为武力所夺取，为强盗所享受。精神上的占有，则不能以此取得。你可杀一美术家或一思想家，你不能得他的技艺或他的思想。

——《政治理想》

最好的生活，是那创造的冲动占最大的部分，而占据的冲动占最小的部分的生活。

——《政治理想》

凡结合智慧与能力的人们最有力量的动机之一就是有计划的建设中之乐趣，随便什么倘可依照一种计划去建设的，这样的人们总要努力去建设。

——《科学观》

占据力——占有和保持的感情——是战争的根本原因，而为政治社会所受的一切弊害的根源。惟有减少这种感情的势力和减削它在人类日常生活上的地位，新制度才能替人类谋永久的幸福。

——《政治理想》

我们要排难解纷是不在乎开倒车的。懒慢地重蹈婴孩之幻想决不会把人们已经从科学取得的新力量引入正轨。

——《科学观》

希求非常财富之欲望绝非对于工作之必要兴奋剂。记在大多数人非为致富而工作，但为求免饥饿耳。

——《赞闲》

生活中的邪恶可以分为三类：物质的邪恶，性格的邪恶，权力的邪恶。性格的邪恶常常是物质的邪恶的一种病态结果，更常常是权力邪恶的结果，因为专制使那些行使它的人和受它压迫的人都堕落下去。权力的邪恶随着那些掌握权力的人的性格的邪恶以及无权力的人的物质的邪恶所产生的恐惧而愈加强烈。三种邪恶是互相牵制相互联系的。

——《真与爱——罗素散文集》

与这些邪恶争斗的主要方法是：对于物质的邪恶——用科学；对于性格的邪恶——用教育和一个没有干预支配的所有冲动力的自由的发泄；对于权力的邪恶——则通过对社会的政治体制、经济体制进行改革，使一个人干涉他人的事降至最低限度。

——《真与爱——罗素散文集》

2. 人生需要高尚的生活，不只是更多的物质财富

人所需要的不仅仅是更多的物质用品，而是更多的自由，更多的自主，更多的创造性的出路，更多的生活愉快的机会，更多自愿的合作，而少些非出于自愿的为他人的目标而服务。

——《社会改造原理》

高尚的生活是受爱激励并由知识导引的生活。

没有知识的爱与没有爱的知识，都不可能产生高尚的生活。

——《真与爱——罗素散文集》

我认为一切有关这个世界上高尚的生活的描述，都应当以动物的活

力与本能为某种基础；没有这个基础，生活就变得单调平淡，索然无味。文明应当是在上面增加些内容，而不应该取代它；禁欲主义的圣徒和超然独处的贤哲在这方面算不上完整的人。有少数几个这种人物会使社会丰富多彩；但是完全由这种人组成的世界就会在单调乏味中死亡。

——《真与爱——罗素散文集》

当我说高尚的生活包含知识引导下的爱的时候，激励着我的欲望就是希望我尽可能过这种生活，同时也看到别人过这种生活的欲望；这种说法的逻辑含义就是：在一个人们以这种方式生活的社会里，将会比在一个较少爱或较少知识的社会里，能够满足更多的欲望。

——《真与爱——罗素散文集》

尽管高尚生活和邪恶生活有种种区别，世界是个统一体，那些自称能够不依靠他人而独立生活的人，都是自觉或不自觉的寄生虫。

——《真与爱——罗素散文集》

高尚的生活只有在高尚的社会里才能实现，否则便不是完全可能的。

——《真与爱——罗素散文集》

我不打算说革命永远也不需要，我只想指出：革命不是通向千年太平盛世的终南捷径。个人也好，社会也好，实现高尚的生活绝无近路可走。要创造高尚的生活必先建立知识、自我控制和同情。

——《真与爱——罗素散文集》

享受生活的乐趣比银行存款可能更有价值。

——《真与爱——罗素散文集》

要是人们丧失了智慧，就会满足于相信别人所说的一切，不管他们如何纯真仁慈，可能还会造成危害。

——《真与爱——罗素散文集》

如果智慧是引入错误的，则由推论而得来的人类之过去历史，都是虚伪的。

——《哲学中的科学方法》

人生之目的应有快意或欢乐或出神。在为权力而追求权力的人自觉的欲望中有了些污浊的东西：当他有权力时，他一味只要更多的权力，而曾不默察他所有的什么。恋爱者、诗人及神秘家找到一种较丰富的满足。为权力追求者所从不能知，因为他们可休息于他们的所爱对象中，而权力追求者却须永远孜孜营营于某种新鲜的操纵，以免感受空虚之痛苦。所以我想，恋爱者的满足胜于霸王的满足，且值得在人生目的之中占较高地位。我要死亡的时候我将不觉得此生虚度。我曾见黄昏大地转红，清晨露珠闪烁，寒阳之下雪光耀辉；我曾逢久旱后之甘雨，亦曾听大西洋风浪打击康华尔之花岗石海岸。

——《科学观》

人类生存虽然需要一定的体力劳动，但体力劳动显然不是人生目的之一。如果是的话，那我们就该把每个筑路工人看做高于莎士比亚。

——《真与爱——罗素散文集》

为生活而生活的是动物，没有一点真正人的价值，不能保持人永久不厌倦和感觉到一切都是虚空。

——《社会改造原理》

3. 我们需要的是社会幸福观

在现代世界中，我们需要的是社会幸福观而不是个人幸福观。

——《真与爱——罗素散文集》

有些人的生活，对自己对朋友和对整个世界来说，都是有益的，这些人得到希望的鼓舞和欢乐的帮助。在和人的关系上他们不是唯恐失去人们的爱戴和尊敬，而是全心全意地爱戴和尊敬别人，相信不必乞求，报答自然会来到。在工作中，他们不是常常去妒忌竞争者，而是关心那些要做的实事。在政治上，他们不为维护本阶级、本国家的不公正特权而浪费时间和精力，他们的目标是使世界增添幸福、减少残酷，使贪婪敌对团体的战争日益减少，使不受压制、能自由成长的人日益增加。

——《真与爱——罗素散文集》

在战争的时候，和一切与他民族和自己民族有相等的关系的事务中，一个人当为他普遍的幸福着想；不容他的视察，为他自己的团体，或民族的利益，或假设的利益所限制。

——《政治理想》

一切利他主义的感情确实像是父母之爱的外溢，或者有时是父母之爱的升华。因为缺乏更为适当的词，我以后就称这种感情为“仁慈”。

——《真与爱——罗素散文集》

所有最伟大的工作都是起源于一种忘我的冲动，对它最大的鼓励不是事后的犒赏，而是使这种冲动永远活跃并为它提供活动余地的环境。

——《自由之路》

我们若不扩大自己的利益，汇涵那外面的整个世界，就好像一个兵卒困在炮台里边，知道敌人不准逃跑，投降是不可避免的一样。在这样的一种生活中安乐是没有的，只有欲望的固执和意志的无力，两相不断的争斗罢了。我们的生活若是要伟大和自由，必须寻些法子，逃避了这种囚狱和争斗才行。

哲学的潜思就是逃脱的一种法门。这种潜思，照他最广的测度，不把宇宙分为对垒的营帐，何者是友，何者是敌，何者应该互助，何者应该攻击，何者是善，何者是恶，他都不管，惟有等量齐观、正而不党。

——《哲学问题》

个人不是他自己存在的终点与目的：个人以外，还有社会，人类的前途，和广大的宇宙，在它里边我们的希望和恐惧只不过是一个针尖。

——《社会改造原理》

一个身心健康的人是不会把他的利益如此集中在自己身上的，他会面向世界并在那里去寻找值得他注意的对象。

——《真与爱——罗素散文集》

在大多数男男女女的日常生活中，恐怕心理所占的位置要大于希望，他们心中想得更多的是深怕自己的东西被别人拿走，而对于他们生活中以及他们所接触的其他人的生活中所创造出来的快乐，相比之下，就想得少了。

——《真与爱——罗素散文集》

把我们自己限制在唯我主义假设的圈子里，并且在我们刚刚看过的所有这类情况中否认一切不是我们自己经验过的东西，这一点我们必须承认在逻辑上是可能的；但是如果我们这样做，许多被实在论假设用简单定律说明的现象就变成不规则的和不相连续的了。

——《人类的知识——其范围与限度》

自我主义在起初让人们指望从别人那里得到一种父母般的温情；但是，他们一发现别人有别人的自我，就感到愤慨，求温情的欲望落了空，便转成为憎恨和凶恶。人不是孤独不群的动物，只要社会生活一天还存在，自我实现就不能算伦理的最高原则。

——《西方哲学史》（下）

4. 勇敢地面对现实，面对逆境，面对自然

那次大战（一战）的影响使我不能再继续活在抽象的世界里。那时我眼见年轻的人们搭上了运送军队的火车，后来因为将帅们的愚蠢在索漠被人家屠杀了。我对于这些青年，感到一种痛苦的怜悯。我发现我和实际的世界有了痛苦的结合。我看到我周遭所存在的痛苦，所有我以前关于抽象的概念世界那些浮夸的思想，我都觉得没有内容，无足重轻了。那个与人事无关的世界有时依然是一个逃避的处所，但是不是一个建造永久住所的国度了。

——《我的哲学的发展》

若要有一点成功的希望，必定应当能借着那些虽然不能就达到目的，却是自身也有用处的方法，一步一步地接近所求的目的。必当有活动以训练人类，为他们最后所要实行的，同时在最近的将来，应有

可能的成就，不要只泛泛地希望很远的极乐园。

——《政治理想》

尊重物质的自然属性是愚蠢的，我们应当研究它，使它尽可能为人类的目的服务；但是，物质的自然属性从道德方面来讲依然是无所谓好坏的。在物质属性和人类本性交互作用下的地方，如在人口问题上，我们没有必要消极地袖手崇拜和接受战争、瘟疫与饥馑，把它们当做是解决人口出生率过高这一问题的唯一手段。

——《真与爱——罗素散文集》

人们在喜欢自己拥有支配自然的力量的同时，却不喜欢自然拥有支配他们的力量。一旦他们不得不相信：在人类存在之前规律已经在起作用了，它们通过一种盲目的必然性不仅产生了一般的男男女女，而且还产生了具有一切个人特性的一个人的自我，说着现在所说的话，做着现在所做的事——一旦不得不这样相信，他们就感到自己丧失了人格，没有出息，无足轻重，是周围环境的奴隶，丝毫也不能改变自然一开始就指定他们去扮演的角色。为了企图摆脱这一窘境，某些人假定人类是自由的，而其余一切领域都是决定论的；其他一些人则使用巧妙的诡辩手法，企图在逻辑上把自由与决定论调和起来。

——《宗教与科学》

自然的哲学是一回事，价值的哲学就完全是另一回事。把两者混为一谈是有害无益的，我们认为好的，我们会喜欢的，同实际存在的事物并没有丝毫的关联，这是自然的哲学要探讨的问题。另一方面，不能因为人类以外的世界没有对这对那作出评价而禁止我们对它进行评价，也不能因为任何事物是自然的法则而强迫我们去赞赏它。

——《真与爱——罗素散文集》

自然只是我们所能想象的事物的一部分，任何事物，不管是实在的还是想象的，都能由我们评价，没有什么外界的标准可以否定我们的评价。我们就是价值的最终也是不可辩驳的决定者。而在价值世界中，自然仅仅是一部分。因此，在价值的世界中，我们比价值更伟大。在价值世界中，自然本身是中性的，不好也不坏，既不应受赞扬，也不该遭指责。

——《真与爱——罗素散文集》

过分完满的幸福生活，有可能使我们追求知识和改造世界的激情减色。

对于一个有充分能力的人来说，痛苦也许是一种极有价值的刺激，而且我并不否认，如果我们全都十分幸福了，我们就会不去努力获得更大的幸福。但是，我不能承认，因为痛苦可以产生动力，所以人类的责任就是给别人提供痛苦。百分之九十九的痛苦都表明是压制性的。至于那百分之一，是属于人类繁衍后代的自然阵痛。

——《真与爱——罗素散文集》

有些时候，我们细想人类的生活连同其中含有的全部祸害和苦难，不过是宇宙生活里的沧海一粟，让人感到安慰。

——《西方哲学史》（下）

要使整个人生都过得舒适愉快，这是不可能的，因此人类必须具备一种能应付逆境的态度；然而我们必须力求尽可能地少鼓动那种残忍性。

——《真与爱——罗素散文集》

无论何时，世人应感觉人之所以生存有种种重要理由也，又应感觉本人之死亡或妻子之丧失举不足以终结其在人世中之兴趣也。为期此种态度在成年时代中能臻于真实而强烈，必须激励青年，俾于青年时期中具丰即富之热忱，必须使青年以此等热忱为中心而建设其人生与其事业。青年时期为慷慨豁达之时期，应利用之以养成宽宏之习惯也。

——《赞闲》

5. 尊重个性，按自然生活

关于人类欲望王国里的“自然”，要说的就更多了。把压制最强烈冲动的生活强加给男女或儿童的做法，是残忍而又危险的；从这种意义上说，就该提倡在一定条件下按“自然”生活。

——《真与爱——罗素散文集》

美好的生活不可能建立在恐惧、束缚和彼此干涉自由之上。

——《婚姻革命》

保存作成个性的冲动，并且使他强固，这应当是一切政治制度的最大目的。

——《政治理想》

认为个性是神秘的、不能改变的那种信条是没有科学根据的，它之所以得到人们的公认，主要是由于它迎合了我们人类的自尊心。

——《宗教与科学》

对于个人加以人工铸造，其必然之结果则为造成残忍性或冷酷，或二者递嬗而生。国民之具此等特性，必不可冀有何善行也。

——《赞闲》

凡人之自尊心既受巨创，未有能作清宁思想者。

——《赞闲》

为主妇者甘于单独之小屋，单独之厨房，单独之苦工，甘于照顾散学离校之子女。任务辛劳矣，生活单调矣，为妇者几为自己家中之囚徒矣；如此一切虽磨损其精神，而伊之甘之也犹过于团体之生活，推原其故，由于孤独有裨于自尊耳。

——《赞闲》

6. 做　人

有一种人，在他们的私人关系中，他们从不斤斤计较别人对自己的尊敬和爱戴，他们尊敬人们爱人们，结果尊敬和爱戴不用他们去争取就会得到。

——《自由之路》

凡知道用各样的武力反对别人，是于别人有损的；和知道可以用武力取得的财，是没有价值的；将非常的尊重别人的自由；他们将不致屈折别人，或束缚别人，他们将缓于判断而速于表同情，他们将以一种仁慈待人类。

——《政治理想》

那些觉得生活快乐的人，自己欢喜，同样也叫别人欢喜。

——《政治理想》

亚里士多德以为我们由于被迫而获得善良的习惯，但是到时候我们也就会在做出善良的行为里面发现快乐。这就令人联想到哈姆雷特对他母亲说的话：

即使您已经失节，也得勉力学做一个贞节妇人的样子。习惯虽然是一个可以使人失去羞耻的魔鬼，但是它也可以做一个天使，对于勉力为善之人，它会用潜移默化的手段，使他徙恶从善。

——《西方哲学史》（上）

当行动是出于对宇宙和人类命运的深刻了解，而不是出于野蛮的浪漫而失去平衡的自我肯定时，它是最好的。

——《真与爱——罗素散文集》

对于使我们感到恐惧的事情，应抱以坚强的意志加以冷静思考，这是唯一可行的处理办法。人应该对自己说："是的，好吧，死亡是可能发生的，但那又怎么样呢？"

——《真与爱——罗素散文集》

它的本质是自以为重要的事情是一种待人接物的行为，这一种行为可以减少平等人中间的摩擦到最低限度，而对于下面的人可以巧妙地使他们发生一种印象，使他们相信自己的浅薄。当作一种政治上的武器在一个谄上骄下的民主里，来保持富人的利益，那是再好没有了。把这个作为一种手段，使那些有钱而没有坚强信仰或非常愿望的人成为礼貌的社会中间分子，它是有些长处的。

——《社会改造原理》

诚实的人比假装好的人的样子要更好。

——《真与爱——罗素散文集》

没有一个人是不会犯错误的，就是我们自己也不例外，并且没有一个教条是那么有把握，可以为普遍的暴行提供借口。

——《常识和核武器战争》

对一般的人来说，消除嫉妒的唯一办法就是自由和生活愉快。被残酷地剥夺了简单的自然享乐，如悠闲、爱、阳光、碧绿的田野的人，是不大可能心胸开朗、善良敦厚的。

——《人类的知识——其范围与限度》

占据的冲动，在强盛的时候，并可败坏那应当是完全创造的活动。如那发现了一件有价值的发现的人，每妒忌那与他有同等的发现的人。……在这些地方，他求知识不是为知识的本身，或知识的用途；而以知识为求名誉的手段。各创造的冲动为占据的冲动所蔽；虽热心学做圣贤的人，也妒忌那已经成功的圣贤。

——《政治理想》

人不但能够恐惧和仇恨，也能够希望和仁慈。如果一方面能使世界上的人民明白并且在想象之中体会到仇恨和恐惧一定会使他们堕入怎样可怕的地狱，另一方面又能使他们明白并体会到希望和仁慈能相反地利用新技术创造出怎样美丽的天堂，那么何去何从，抉择应该不会困难，那时我们这自寻痛苦的人类将使自己得到从来所不知道的快乐生活。

——《常识和核武器战争》

如果你正在跟人争吵，为了一个你们二人都认为重要的问题，那时候忽然刮起飓风来，有把你们二人和附近一带整个毁灭的危险，可能你会把争吵忘了。我认为当前重要的事情是使人类觉察到飓风而忘掉那个发生争吵的问题。

——《常识和核武器战争》

一个论证带来的可信度是不能单纯估计出来的。

一个想证明自己清白无罪的人可以同时根据本人不在现场和他以前的良好品德来进行辩护。有利于一种科学假说的理由实际上永远是几方面合成的。

——《人类的知识——其范围与限度》

人们对于无意识的动机，不任其咎，只对于有意识的动机才是如此。所以为着要完全合乎道德，只须反复背诵道德的公式。我们说："我愿意对朋友和善，对事业光明，对贫民仁慈恻隐。对政治急公好义。"只要我们不允许自己——甚至于在夜静更深的时候——承认任何相反的欲望，那我们在家中可以做区议员，在城市可以做坏蛋，在付工钱时可以做剥皮抽筋者，在对待公众时可以做乘机取利者，然在道德评价中，如果只看重有意识的动机，我们将成为模范人物。这是一种合适的主义。

——《心的分析》

对大部分人来说，尊重别人的自由并不是一种自然的冲动，一般人为了追求权力或由于嫉妒常常以干涉他人的生活为乐。

——《自由之路》

使用自制的目的与其说是限制自己的自由，不如说不要干涉他人的自由。我认为，一个人如果从小受到良好的教育，那他会比较容易去尊敬他人的自由和人格。但是对我们当中那些从小就认为我们有权以道德的名义禁止他人行动的人，要他们放弃这种名正言顺的迫害行为无疑是非常困难的，甚至可以说是不可能的。但是这并不意味着，那些从小受到比较自由的道德教育的人也是如此。

——《婚姻革命》

在目前这种父母双全的家庭制度下，只要有了孩子，父母就有责任尽力保持和谐的婚姻关系，即使这需要极大的自制。但是，我们所需要的自制不只是传统道德家们所提倡的那种压制不忠冲动时的自制，我们也必须控制妒忌、暴躁、专横等冲动。毫无疑问，父母之间的严重争吵往往是造成孩子神经错乱的原因，因此我们应极力避免这种争吵。同时，如果一方或双方缺少足够的自制力，不能使他们的冲突不为孩子所知，那这种婚姻还是解除的好。

——《婚姻革命》

苏格拉底曾说他比同时代的人聪明些，因为只有他知道自己是一无所知。此乃妙语。伽利略正可说他知道一些，却是他知道自己所知甚少，而他同时代的亚里士多德派一无所知，却自以为他们知道很多。

——《科学观》

在政治家中，好人有他们的用处，这主要就是制造烟幕，以便使别人能在其背后进行他们的活动，而不致让人怀疑。

好人的另一个用处是能用诽谤中伤把任何不受欢迎的人赶出政治舞台。好人之有用的另一种途径是使自己被杀害。

——《真与爱——罗素散文集》

人类本能的保守确能使得一切生产手续的改革比他们所应当改革的慢，若再加上因为改革时不公道的运用迫着有组织的工人取那本可免除的保守，那就更加可怜了。

——《政治理想》

7. 爱

爱是一个含有多种情感的词，我有意选用这个词是想把这些情感一并包括在内。我现在论及的是作为情感的爱。因为依我看，“讲原则的爱”是不纯真的——这种爱是在两个极端之间游移：一方面，纯粹是冥想中的愉快，另一方面，纯粹是仁慈。

——《真与爱——罗素散文集》

虽然知识和爱都是必不可少的，但是在某种意义上，爱是基本的，因为它会引导智慧的人寻求知识，以便找到如何为自己所爱的人造福的方法。

——《真与爱——罗素散文集》

爱在非常年幼的孩子身上一般表现得比成人更为强烈，因为成人往往用功利主义的眼光看待事物。

——《真与爱——罗素散文集》

在完美的世界中，每个人都会是别人最充实的爱的对象，这种爱是由愉快、仁慈，以及相互了解不可分割地交织起来的。

——《真与爱——罗素散文集》

最充实的爱是愉快与良好的愿望这两种因素不可分割的结合。父母喜爱美丽而有成就的子女，就把这两种因素结合起来了。没有良好的愿望，愉快也许是残酷的；没有愉快，良好的愿望则容易冷酷而近于傲慢。希望被人爱的人，总希望成为包含这两种因素的爱的对象。

——《真与爱——罗素散文集》

爱在我们对待人类的感情中起着很大的作用，单纯把人作为美学冥想的对象来考察时，有些人富于魅力，有些人却截然相反。

——《真与爱——罗素散文集》

纯粹本能的爱而没有思想的抑制，不经精神伪教导，是排外的、无情的和不公道的。

父母之爱的本身，能够促使有精神生活的父母，把正义的感觉、服务的志愿、对于他人的尊敬、控制自私自利的意志等他所认为比个人的成功更好的事物，传授给他的子女。

——《社会改造原理》

个人无阻碍的生长，依赖于多跟他人接触。在人与人的关系中间，应该本于自由的合作，而不是强制的服务。

——《社会改造原理》

个人与个人之间的良好关系，是从两个主要的起源来的：一个是本能的喜爱，另一个是共同的目标。

——《社会改造原理》

爱使有关人的欲望产生协调而不是造成冲突。两人彼此相爱则成功与失败命运相连，而互相憎恨则任何一方的成功就是另一方的失败。

——《真与爱——罗素散文集》

能用钟爱使我们满足的人，不但要对我们有良好的愿望，还要知道我们的幸福寓于何处。

——《真与爱——罗素散文集》

惯于使用权力的人，特别不宜与人作友谊的协商。

——《社会改造原理》

所谓“义愤”的复仇感，不过是残忍的一种形式。决不能用报复性惩罚的观点来证明罪犯的痛苦是有理由的。

——《真与爱——罗素散文集》

缺乏热情的主要原因之一是感到自己不被人爱，相反，觉得自己被人爱的感觉比其他任何东西都更能提高人的热情。

——《幸福之路》

一个人感到自己不被人爱有多种原因。他也许认为自己是个可怕的人，因而没有一个人会喜欢；他也许从孩提时代起便不得不习惯于得到比其他孩子更少的爱；或者事实上他就是一个谁也不爱的人。但是在最后这种情况下，其原因很可能在于早期不幸引起的自信心的缺乏。

——《幸福之路》

感到自己不被人爱的人会因此而采取不同的态度。为了赢得别人的喜爱，他也许会不遗余力，做出种种出人意料的亲昵举动。在这种情况下，他很可能不会成功，因为这种亲昵举动的动机很容易被对方识破，而人类天性却偏偏容易将爱给予那些对此要求最低的人。因此，那种试图通过乐善好施的行为追逐爱的人，最终会因人们的忘恩负义而生幻灭之感。

——《幸福之路》

绝大多数的人，不论男女，如果感到自己不被人爱，只能陷入怯弱的失望之中，仅仅在偶然的一丝羡慕和怨恨之中叹吁一番，于是这些人的生活变得极端的自私自利，爱的缺失使他们缺乏一种安全感，而本能地回避这一感觉，结果造成了他们任凭习惯来左右自己的生活。对于那些使自己成为单调生活的奴隶的人来说，他们的行为大多由对冷酷的外在世界的恐惧所激起，他们以为如果他们沿着早已走过的路走下去，就能避免撞上这个世界。

——《幸福之路》

比起那些在生活中总感到不安全的人来，那些带着安全感面对生活的人要幸福得多，只要这种安全感没有给他们带来灾难。在绝大多数的，虽然并不是所有的情况下，安全感本身有助于一个人逃脱危险，而另一个人也许会屈从于它。如果你要走过一块狭窄的木板，而底下是万丈深渊，如果你这时害怕了，反而比你不怕时更容易失足。

——《幸福之路》

一个缺乏父母之爱的孩子，很可能胆小怯弱，不爱冒险，他总感到惧怕，不敢再以欢快的心情去探究外部世界。这样的孩子可能在令人吃惊的小小年纪里就开始了对生与死、人类的命运等问题沉思默想。他变得性格内向，郁郁寡欢，以至于最后便从一种哲学或神学中寻求虚假的慰藉。

——《幸福之路》

世界是个乱哄哄的场所，包含着快乐之事，也包含着许多出自偶然的不愉快之事。试图为它勾画出一个理性的框架或模式的愿望，从根本上说，乃是一种惧怕的结果，实际上就是一种广场恐怖症或说对开阔场地的惧怕，在四周是墙的书斋里，胆怯的学生感到很安全。如果他能够使自己相信外部世界也是同样地安全，那么当他不得不走上大街时，他就会感到实在、安全。而如果他以前得到更多的爱，他就不会像现在这样惧怕外部世界了，也不会非得去创造一个只存在于他的信念中的理想世界。

——《幸福之路》

要给最完美的爱下个定义，实在不是一件容易的事，因为很显然，其中包括了某种保护性的成分。对于我们钟爱的人的损害，我们不会无动于衷的。然而，我认为，对不幸的担忧，相对于给予不幸的同情，在爱中所起的作用应该越小越好。

——《幸福之路》

总的来说，女子往往爱慕男子的性格，而男子则追求女子的外貌。就这点而言，我们就不得不承认男子不及女子，因为大体说来，男子在女子身上所发现的那些可爱的品质，远不如女子在男子身上发现的可爱本质那样值得去追求。

——《幸福之路》

完美之爱给彼此以生命的活力；在爱中，每个人都愉快地接受爱，又自然而然地奉献爱；由于这种相互幸福的存在，每个人便会觉得世界其乐无穷。

——《幸福之路》

在各种谨小慎微之中，对爱的过分小心或许是真正的幸福的最大敌人。

——《幸福之路》

8. 爱国主义

爱国主义是一种极为复杂的感情，它是在原始的本能和高度理智的信念的基础上建立起来的。

这个信仰是如此的真实和深刻，足以使人忍耐地甚至几乎愉快地忍受由战争所带来的损失、艰难和痛苦。它像一切受人诚心信仰的宗教一样，能给人一种关于生命的远景，其根据在于本能，但已起了升华作用，能使人效忠于一个比任何个人目的更大的目的，但其中包含着许多好像溶化在一起的个人目的。

——《社会改造原理》

比起任何一种非导源于本能的爱，却更深地种植于他的全身组织之中，也更密切地跟他的生活力结合在一起。但是精神如果不参加进来把对于国家的爱普遍化起来，那么单有本能的爱，就会使它成为憎恨别国的一个来源。

——《社会改造原理》

我们所愿见其产出的那种国际精神，是加于爱国精神上面的，不是从爱国精神上取去些。正如爱国不禁人爱家庭一样，所以国际精神，不当禁人爱他的本国。但那爱的性质，有些变更。人愿替他本国所求的事，不能再是那些必定要牺牲别人而得来的事，而是那一国的优点能有利于全世界的事。他愿他本国在谋和平的技术上称大；在思想上和科学上著名；并称为慷慨、正直和大度。

——《政治理想》

他可以看见这种精神，不仅含有最高的道德，也含有最真的智慧；并且含有那受科学的狂妄所伤害的民族能藉以达到可以生长的地位，而且快乐也不为假的，也不是无稽的义务的呼声所扰乱的地方的唯一道路。世界的生命和希望，只能在爱的行为中得来。

——《政治理想》

爱国主义对于被压迫之民族全然适用，但彼被压迫之民族一经获得自由，则昔日英勇的国家主义顿时变为残暴之俱矣。

一切知识青年了然于爱国主义为当代之主要祸源，苟其势不能缓和，文化将为之告终也。

——《赞闲》

国家主义之狂热，自一八四四年以来常在增长之中，是亦一崇拜无理性之范式也。宇宙间真理无二之观念已弃置不顾矣。

——《赞闲》

9. 幸 福

虽然不幸的形式多种多样，但你却不难发现，它无处不在。上班时间广立繁忙街头，周末闲暇盘桓通行大道，或者良宵时光流连于歌堂舞厅，这时，请把自我从灵魂处放空，让周围的陌生人的性情占据你的视野。你将会发现，这些不同的群体都有着各自的烦恼。

——《幸福之路》

每一种外在的兴趣都会激起某种活动，只要这种兴趣仍旧存在，这种活动便能完全防止人的厌倦及无聊意识的产生。相反地，对自我的兴趣，不可能导致进取性的活动。这反倒有可能促使一个人去记日记，从事心理分析，或者成为一个僧侣。然而，只有在修道院的生活常规使得僧侣忘却了自己的灵魂之后，他才会变得幸福。

——《幸福之路》

对于那些自我专注过于严重，用其他的方法治疗均无效果的不幸的人来说，通向幸福的唯一的道路就是外在修养。

——《幸福之路》

自恋，在某种意义上，是习惯化了的负罪感的对立物。它包括对自我的爱慕和希望得到别人的爱慕的习惯。当然，某种程度的自恋是正常的，人们也不必为之哀叹；然而一旦这种自恋发展过头了，它就会变成一种恶习。

——《幸福之路》

许多自己并不幸福的人认为，他们的忧伤有着复杂而高度理智化的原因。我不相信这些是幸福或不幸的真正根源，我认为它们只不过是表面现象而已。一个快乐的人通常会信仰快乐的东西，而一个不快乐的人则往往采用不快乐的信仰，两者都将自己的幸福或不幸归因于各自的信仰，而真正的因果关系都截然相反。

——《幸福之路》

在教育中或在调整自我以适应环境的企图中，我们的努力方向应该是，极力避克自私自利的欲望，尽量获得那些阻止我们的思想永远专注于自我的情感和兴趣。大多数人在监狱里是不会感到幸福的，这是他们的天性；但是，将我们紧锁在自身情感内的做法，何尝又不是在建造一所更加糟糕的监狱呢？

——《幸福之路》

以自我为中心的情感的最大缺陷之一是，它们很少使生活丰富多彩。一个只爱自己的人，当然不会由于爱的杂乱而受人指责，但到最后他必然会感到烦闷之极，因为他热爱的对象永远没有变化。一个受着负罪感折磨的人，必然是一个以自我为中心的人。在整个广大无垠的宇宙中，最重要的东西，在他看来，莫过于自己的品性高洁。某种形式的传统宗教，其最大的缺憾在于鼓励了这一特殊的自我专注。

——《幸福之路》

一个幸福的人，以客观的态度安身立命，他具有自由的爱和广泛的兴趣，凭着这些爱和兴趣，同时凭着它们使他成为他人的爱和兴趣的对象，他获得了幸福。能成为被爱的对象，固然是幸福的一大源泉，然而索取爱的人并不就真的能够得到爱。广义说来，得到爱的人正是给予爱的人。不过，如果像为了利息而放债那样，一个人在精打细算之后才给别人以爱，这是无益的，因为有算计的爱不是真诚的，得到爱的人也不会感到它是真诚的。

——《幸福之路》

在很大的程度上，幸福的生活就是快乐的生活。职业道德家们太偏重于自我克制，因而他们把重点放错了地方。有意识的自我克制，使一个人变得专注于自我，并清楚地知道他所作的牺牲，这样做的结果只能是：在当前的目标上，他往往失败；在最后的目标上，他几乎总会落空。

——《幸福之路》

我想奉劝读者诸君，无论出于何种理由，理性都不会将禁令加诸幸福；不仅如此，我还坚信，那些真心诚意地把自己的哀怨归之于自己对宇宙的看法的人，是本末倒置了。事实是，他们之所以不幸，是出于一些他们并不了解的原因，而这种不幸便使得他们去思索自己生活于其中的世界里那些惹人不快的方面。

——《幸福之路》

同情绪是没有必要展开争辩的，因为它会随着某一幸运的事件而来，或者存在于我们身体状况的变化中，没有什么是一成不变的，尽管后来的新事物同逝去的旧事物之间没有什么差异。

——《幸福之路》

生活不应被看做这样一种情节剧：剧中的男女主角经历难以想象的不幸之后，最终以圆满的结局作为补偿。我活着有我的活法，儿子继承了我，他有他的活法，他的儿子又继承了他。这一切又有什么悲剧可言？相反，如果我永生不死，那么生活的乐趣必定最终会失去吸引力。代代相继，生活将永远焕发青春活力。

——《幸福之路》

道德·家庭篇

1. 道德准则

道德准则不应当是使人类本能无法实现的准则。

——《真与爱——罗素散文集》

任何社会的道德法典不是最终的和自我完备的，而是必须接受检验以考虑其是否受智慧与仁慈的支配，……道德法典不总是完美无缺的。阿兹特克人（墨西哥的一个印第安民族）因为怕太阳的光辉变得暗淡衰微，才把吃人肉当做自己痛苦的职责。他们在自己的科学上犯了错误：如果他们对于献祭的受害者还有丝毫爱的话，也许早就觉察到这种科学上的错误了。有的部落怕姑娘照射了太阳会受孕，就从十岁起把她们在黑暗中幽闭到十七岁。但是，可以肯定我们现代的道德法典与这些野蛮的做法毫无相似之处吗？可以肯定我们禁止的都是确实有害，或者至少是可恶到正人君子都不愿为它们辩护的东西吗？我就不那么肯定。

——《真与爱——罗素散文集》

如果道德准则对于本身就是善的那种东西的存在有促进作用的话，那它们被证明是正当的，而否则就不然。

——《宗教与科学》

我们检验一切道德法则，必须考察它们是否有助于实现我们想达到的目的。

我说的是我们向往达到的目的，而不是我们应该向往达到的目的。我们“应该”向往达到的目的，只是别人要求我们向往达到的。这通常就是当权者——父母、校长、警察和法官要求我们向往达到的东西。

——《真与爱——罗素散文集》

如果我说立法的当权者有邪恶的欲望，我只是说他们的欲望违反我所属的某些社会阶层中人的欲望。在人的欲望之外，并不存在道德的标准。

——《真与爱——罗素散文集》

使道德区别于科学的只是欲望而不是任何特种的知识。

——《真与爱——罗素散文集》

近代之新观念几无不工艺化或科学化。科学扶掖新道德观念之发育仅始于挽近之时，而开端于解放仁慈，出之迷信的伦理信念桎梏中。凡因袭法典规定以痛苦加之于人民者（例如禁止生育节制），虽有较为仁爱之伦理学说，反被视为悖乎道德矣；因此世人之容许知识感化其伦理者，无知之徒反指为恶行。

——《赞闲》

一个做父亲的人，不能和一个做儿子的人，是完全一样的，因为在做父亲的时候，为父德的关系所修改，在做儿子的时候，为子德所修改。

——《哲学中的科学方法》

我们在批评现代道德时有着两个任务：一方面，我们必须消除那种经常是下意识的迷信成分；另一方面，我们也必须注意那些使过去的智慧变成愚蠢，而不能成为现代的智慧的因素。

——《婚姻革命》

当代的道德是功利主义与迷信相混合的怪物，而迷信部分的控制力则更强。

——《真与爱——罗素散文集》

教士们作为道德的教师几乎必然会在两方面败事。他们谴责无害的行动，却宽恕为害很大的行动。

——《真与爱——罗素散文集》

传统的卫道士中，难得有几颗温暖的心。

——《真与爱——罗素散文集》

2. 生活的态度

我们的时代与世界历史的许多其他阶段一样，普遍认为我们中那些有智慧的人已经看透了早年的所有热情，并意识到已经没有值得让人为之而活的东西剩下。持这种观点的人是真心的不快乐，但他们以自己的不快乐为荣，因为他们认为这种不快乐是宇宙的本质，是一个开化的人的唯一更改态度。这种荣耀感，让头脑不那么复杂的人怀疑他们是否真的不快乐。这些人认为享受悲惨的人不悲惨。这种看法是过于简单了。毫无疑问，这些受苦的人在优越感和敏锐感方面得到了些许补偿，但这种补偿相对于失去的较为单纯的乐趣却微不足道。我自己不认为在不快乐中存在着任何优越的合理性。

——《拜伦式的忧郁》

对于这类争论，我们必须分清情绪和它的理性的表达方式。情绪是不会引起争论的；情绪可以为某件幸运之事而改变，或因我们身体状况而改变，但却无法通过争论改变。我自己就经常体验到一种感觉处处空虚的情绪；我走出了这种情绪，不足依靠哲学，而是由于对行为的某种迫切需要。你的孩子病了，你可能不快乐，但你不会感到空虚；你会感到，需要关注的是让孩子恢复健康，而不是人生是否有终极价值的问题。一个富人可能经常感到空虚，但如果他竟然不巧失去了钱财，他会感到下一顿饭一点儿也不空虚。空虚这种感觉的产生，是由于自然需要太过于轻易地得到满足。人这种动物，与其他动物一样，已适应某种程度的生存斗争，当通过巨大财富，人可以毫不费劲地满足他所有的怪念头时，那么正是这生活中努力的缺失摘除了快乐的一个基本成分。……如果他有哲学倾向，他会得出结论说人生根本就是悲惨的。……所以，如果情绪由理智决定，那么高兴就有着与绝望一样多的理由。

——《拜伦式的忧郁》

万事万物都会消逝的事实本身，也不能做悲观主义的论据。如果它们被更恶劣的事物接替，那就是一个论据；如果它们被更优的事物接替，那就成了乐观主义者的理由。如果像所罗门所认为的那样，它们是由与自己完全一样的事物接替，我们该怎么想？这难道不使得整个过程无效？当然不是，除非这种循环的各个阶段本身就是痛苦的。着眼于未来，并认为当前的整个意义都在于它将要带来的结果，这是一个危险的习惯。整体只有在局部存在价值时才有可能存在价值。在情节剧中，男女主角遭受难以置信的种种不幸之后为喜剧性结局所补偿，生活则不能与情节剧类比。

——《拜伦式的忧郁》

勃朗宁说，斗志昂扬是面对世界的普遍态度。为什么？他会说，因为世界是残酷的。我们会说，因为它不会按你自己的评价来接受你，一对夫妇可以构成一个相互爱慕的团体，如勃朗宁夫妇那样。不管你的作品是否值得，有一个人总在你的身边对它加以称赞，这可是件愉快的事情。

——《拜伦式的忧郁》

我们当前正在经历一种有些紊乱的时期，许多人抛弃了旧的标准却还没有获取新的标准。这就给自己带来各种麻烦，并且，由于他们的无意识通常仍然信奉旧的标准，当麻烦来临，绝望、懊悔和愤世便产生了。我不认为发生这种情况的人为数很大，但他们是我们时代最能畅所欲言的人。……治愈方法不是哀悼和怀旧，而是更为勇敢地接受现代观念，并决心将表面已抛弃的迷信从它们模糊的藏身之处连根拔除。

——《拜伦式的忧郁》

世界在各个时期都存在各种孤独哲学，一些高贵一些不那么高贵。斯多葛派学者和早期基督徒相信，一个人只需通过自己的意志，或至少不依赖别人的帮助，就可以实现人生的最高幸福；而另一些人将权力作为人生目的，还有一些人的人生目的只是个人享乐。所以这些都是孤独哲学，因为它们认为幸福不仅可以在大小社团中实现，也可以在每个单独的人身上实现。在我看来，所有这些观点都是错误的，不仅错在伦理方面，而且作为对我们大半部分本能的表达方式，也是错的。人依赖合作，并由大自然提供那种产生人类合作所需要的友谊的本能器官。

——《拜伦式的忧郁》

我们体验到的无聊不及祖辈们多，但对无聊的害怕却较之更甚。我们开始明白，或更确切的说是开始相信，无聊不是人的固有命运的一部分，而是能够避免的，办法是对激动进行足够有劲的追求。……但是我担心，同其他理想一样，它的实现比理想主义者想象的要困难。毕竟，昨天夜晚有多么快乐，今天早上就有多么无聊。……或许，一定的无聊因素是生活的必要成分。想要逃离无聊是自然的；……甚至与邻居吵架也比没事发生好。所以，无聊是道德家们的致命难题，因为至少人类的一半罪孽都是由对它的恐惧而引起的。

——《厌倦和兴奋》

过多激动充斥的生活是耗费精力的生活，这种生活需要不断有更强烈的刺激，来提供被认为是欢乐的一个基本成分的那种战栗。……要避免过多激动，得有一定的无聊成分，过多的激动不仅有损健康，而且会麻木对各种乐趣的感受性，结果是让兴奋物深刻的感官满足，机巧取代了智慧，并以低价的猎奇取代了美。我不想极端反对激动，一定量的激动是健康的，但与许多别的事物一样，问题在于数量。

——《厌倦和兴奋》

生活平静是伟人的特点，他们的乐趣从来就不是外人眼里的那种激动人心的乐趣。没有坚持不懈的劳动就不可能有伟大的成就，这种劳动是如此让人全神贯注，又是如此困难重重，以致除了在假日里复原体能（其中一个最好的例子是攀登阿尔卑斯）以外，几乎没有精力留给较为剧烈刺激的娱乐活动。

——《厌倦和兴奋》

我不是说单调本身有它的什么优点，我只是说，某些美好的东西，只有在多少有些单调的地方才有可能获得。就拿华兹华斯的《序曲》来说，显而易见，在华兹华斯的思想和感情中，任何有些价值的东西都是一个老于世故的城市青年身上不可能拥有的。

——《厌倦和兴奋》

如果孩子过着一种纷纷扰扰放浪形骸的生活，他的脑中就不会轻易地形成建设性目的，他的思想将总是指向下一个享乐，而不是指向遥远的成就。所有这一切表明，无法忍受无聊的一代人，将是一代思想卑微的人，一代与自然的缓慢进程不适当地分离的人，一代其每个生命冲动都逐渐凋零的人，他们仿佛是瓶子里的花朵。

——《厌倦和兴奋》

不能摧毁的希望必定是宏大而且是非个人的。无论我从事何种个人活动，我都可以被死亡或者某种疾病所击败；我可能被我的敌人战胜；我可能发现自己踏上的是一条无法通向成功的不明智的道路。在千万种情况下，纯粹个人希望的破灭是不可避免的，但如果个人目标已经从属于人类更为宏大的希望，在失败到来时就不存在彻底击溃的情况。渴望做出重大发现的科学家，可能自身不能做到这一点，或可能由于头部被击而不得不放弃自己的工作，但如果他深深地渴望科学的进步，而不只是希望个人对这一目标的贡献，他就不会感觉到如一个纯为怎么研究动机的人一样的绝望。那正在为某个急需的改革而工作的人，可能发现他所有的努力都因为战争而被导入旁轨，并可能被迫意识到，他为之工作的事业将不能在自己的有生之年来临。但他不必为了那个原因而沉浸在彻底的绝望中，只要他对人类的未来感兴趣，而不只是在意自己的参与。

——《努力和放弃》

许多积极的人认为丁点舍弃、些许幽默，便会摧毁他们的干活的精力，摧毁他们自以为的获取成功的意志。这些人，在我看来，是错误的。……与其做有害的事情，不如什么都不做，世界上半数的有利工作，其内容都是与有害工作进行搏斗。

——《努力和放弃》

3. 家　庭

家庭虽然具有生物上的起因，但在文明社会中，却是法制的产物。

——《婚姻革命》

做父亲的一旦知道那孩子正如《圣经》所说，是他的“种子”时，他对孩子的感情就会增加，其中有两个因素在起作用：爱权之心和死后继续存在的欲望。在他看来，他的后裔的成功在某种意义上即是他的成功，而且他们的生命也就是他的生命的继续。人类的事业不会因他们的死亡而告终，而是可以通过他们的后裔的奋斗不断发展。

——《婚姻革命》

一个合法的孩子是一个自我的延续，他对这孩子的感情是一种自我主义的表现形式。另一方面，如果这孩子是非法的，这个推定的父亲就遭到了愚弄，而在那和他没有生理关系的孩子身上滥用他的爱子之心。因此，父权的发现导致了女人的隶属地位，这是保证女人道德的唯一手段——这种隶属起初是生理上的，后来则是精神上的，在维多利亚时代达到了登峰造极的程度。

——《婚姻革命》

父母不应有无限的自由来虐待他们的子女。

——《政治理想》

父母的爱对于孩子的成长是必不可少的，而且即使孩子仅从父母一方那里得到爱已经足矣，但若连父母一方的爱也得不到，那就太令人遗憾了。

——《婚姻革命》

一个过去有父母双亲，且与他们感情深厚的孩子，会因父母离婚而失去全部安全感。的确，在这种情况下，他可能会产生恐惧和其他神经错乱。一旦孩子对父母双方都产生了依恋之情，那么父母分离的时候，他们就负有极大的责任。因此，我认为，一个没有父亲的社会，对孩子来说，要比一个时常发生离婚的社会好得多，尽管离婚仍被认为是一种个别现象。

——《婚姻革命》

美满的生活离不开自我约束，但是与其约束那丰富而广博的爱情，倒不如约束那狭窄而充满敌意的妒忌之心。

——《婚姻革命》

若说一个人，接受了很大的遗产，就应当比那些不得不做工以谋生活的人，配享受社会的待遇，这话简直是荒谬绝伦。

——《政治理想》

如果我们以强壮的身体为目标来繁育人口，我们就有可能降低人类的智力。如果我们以智能为依据来繁育人口，我们就有可能使人类更易受到各种疾病的侵袭。如果我们寻求产生情感的平衡，我们就有可能毁灭艺术。

——《婚姻革命》

美之功用初见重于公共之建筑，继推及于富豪之邸第与帝王之宫廷，惟未尝逮于农民之茅舍与夫都市劳动阶级之飘摇房屋耳。

——《赞闲》

在前人传给我们的全部制度中，没有什么比今天的家庭更为混乱和越轨了。本来，父母对孩子的爱和孩子对父母的爱应该是幸福的最大源泉之一，但在今日的现实社会里，父母与孩子的关系在90%的情况下倒成了双方不幸的根源，在99%的情况下成了双方之一的不幸的根源。这种家庭关系未能给人们以基本的满足，是我们的时代不幸的最深刻的一种原因。

——《幸福之路》

如果成人想与自己的孩子保持一种轻松愉快的关系，或者给他们一种幸福的生活，他就必须对如何当好父母亲的问题深思一番，然后明智地付诸行动。

——《幸福之路》

当一个人只考虑人类天性而不管现实环境时，我想，身为父母显然在心理上能够享受到生活必须赋予的最伟大和最持久的幸福。这一点，毫无疑问，对于女人比对于男人来说更为真实；对于男人也比许多现代人所设想的要更为真实。

——《幸福之路》

在这个世界上如果想要幸福，特别在青春流逝之后，一个人必须觉得自己并不是孤独的，生命也不会马上枯竭，自己是生命之河的一部分，发源于最初的细胞，流向那遥远而神秘的未来。作为一种意识到了的情感，若用固有的词语来表达的话，它确实是极其文明而富于智慧的世界观；但是，如果作为一种模糊的本能的情感，它就是原始的、自然的，与高度的文明大相径庭。

——《幸福之路》

在所有的人类交往关系中，确保某一团体的幸福是较为容易的，但要确保每个人的幸福则极为困难。狱卒可能以看守囚犯为乐；雇主也许以威胁雇员为乐；统治者往往以压制臣民为乐；而古板的父亲可能会以棍棒教子为乐。不过，这都是单方面的快乐；在另一方，这是难以接受的。

——《幸福之路》

身为父母之幸福的最初根源有两个方面。一方面，存在着一种自身肉体的某部分获得了新的外表的感觉，这使生命能在其他部分灭亡之后延续下去，而这部分又反过来以相同的方式赋予其部分肉体以另一种外表，这样就确保了血脉的永生。另一方面是权力欲和柔情心的混合使新的生命无依无靠，于是父母便有满足他的需求的冲动，这种冲动不仅满足了父母对孩子的本能的爱，也满足了父母的权力欲。

——《幸福之路》

父母的占有欲会使孩子走上五花八门的歧路，除非他们十分小心或者心地纯洁。如今的父母，对这一危险了然于心，他们有时根本失掉了面对孩子的信心。这样对孩子来说，其父母的帮助远不及他们犯些自然的错误那么有益，因为让孩子最担心的事莫过于大人缺乏决断和自信。

——《幸福之路》

有些事情本来由母亲做比较好，但是随着孩子的渐渐长大，将会有越来越多的事情由别人做更好。如果这一点为大众普遍认同，那么做母亲的就可以减少许多烦心的操劳了，因为这本来就不是她的专长。一个懂得某种职业技术的女子，即使在做了母亲之后，也应该继续自由地发挥其专长，这不仅对她本人，而且对整个社会都是有益无害的。

——《幸福之路》

没有什么天赋的本能会教女人如何抚养孩子，并且过分的牵挂往往是占有欲的伪装。许多孩子就是被那些既无知又敏感的母亲搞得心理失常。人们历来认为，父亲不可能会懂得如何抚养孩子，但孩子们爱自己的父亲与爱自己的母亲并无不同。如果女人的生活能摆脱不必要的奴役而孩子能被允许受惠于日益增多的、与他们的身心健康有关的科学知识，那么母亲和孩子的关系将来一定会越来越像现在父亲与孩子的关系。

——《幸福之路》

4. 家庭中父权的失落

文明史主要是一部父权逐渐减少的记录，因为在大多数文明国家，早在有历史记载以前，父权就已经达到了登峰造极的程度。

——《婚姻革命》

国家在教育方面的作用的不断增加正在逐渐把父亲推到历史上前所未有的不重要的地位上去。

——《婚姻革命》

父亲的合作对于子女生理上是一种极大的贡献，特别是在不安定的时代和在动乱的民族中。但是，随着现代文明的发展，父亲的作用正在被国家逐渐地减弱。不少人认为，父亲在生理上的贡献不久就会失去，至少在雇佣劳动阶级中是这样。

——《婚姻革命》

我们完全相信，在不远的将来，国家在照顾雇佣劳动者的孩子方面的作用将得到加强而不是降低，与此同时，父亲的作用也将相应地降低。因此，在资本主义社会中，我们一定会看到社会逐渐分化为两个等级：保存旧式家庭的富人和越来越希望国家起到过去属于父亲的经济作用的穷人。在俄国，我们会看到与资本主义国家完全相反的情况，那就是，废除了家庭的上层社会和继续保存家庭的下层社会。

——《婚姻革命》

西方目前实行的国家取代父亲的做法，总的说来，是一个巨大的社会进步。这种做法极大地改善了人民的健康状况，并提高了整个教育水平。这种做法杜绝了虐待儿童的现象，使大卫·科波菲尔所遭受的那类磨难成为过去。这种做法有望继续提高人民的健康水准和智力水平，尤其是在根除源于错误的家庭制度的罪恶方面。

只要国际上的问题依然悬而未决，国家在教育和照看孩子方面不断增加的地位就具有极大的危险性，很可能会损害国家的真正利益。

——《婚姻革命》

在当代世界中，大多数做父亲的忙于工作，难以更多地顾及自己的孩子。早晨，他们匆匆地上班，以致没有时间同孩子交谈；晚上，当他们回到家时，孩子却已睡了。人们都听到过这样的说法，孩子所知道的父亲是“周末会遇到的那个人”。

——《真与爱——罗素散文集》

5. 负罪感

据说，尤其在新教徒看来，每当个人受到诱惑作出罪恶的行为时，良心便会萌发出来，而在他犯下这一罪过之后，他有可能经历两种痛苦的感受，一种叫作后悔，那是没有用处的；另一种叫作停悔，这可以消除他的罪过。

——《幸福之路》

实际上，“良心”一词包含着好几层不同的意思，其中最简单的含义就是指担心被发现的恐惧。你呢，读者诸君，我相信过着一种完全光明磊落的生活；然而你如果问问别人，如果你问的这人有些事一旦被人发现就会受到惩罚，那你就会发现，在马上有可能被发现时，他就忏悔自己的罪过。

——《幸福之路》

负罪感的根源在于无意识层次，而且它不会由于对别人的反对意见的恐惧而显露于意识层次。在意识层次，有些行为即使没有丝毫经得起反思的原因，也被标示为罪恶。当一个人作出这些行动时，他感到不适，却不知道为什么会这样。他希望自己成为一个能够摆脱自己所相信的那种罪恶的人。

——《幸福之路》

我不否认世界上谎言太多这一事实，如果大家能多讲真话，那对我们会更有好处。但是我确实否认，而且我认为每一个有理性的人都会否认，说谎在任何情况下都是不正当的这一看法。

——《幸福之路》

人不应该受情绪操纵，一时相信此物，另一时又相信彼物，没有定见。在人的有意识的意志由于疲劳、疾病、饮酒或其他一些原因而减弱时，负罪感显得更为突出。这时人的感觉（除非由酗酒引起的以外）可以看做是更高的自我显示。

——《幸福之路》

“魔鬼生了病，一样成圣人。”但若以为比起人的强健时刻来，人在虚弱的时刻具有更深刻的洞察力，那就是荒谬的了。人在虚弱的时候，确实很难抵制儿时受到的教育的暗示，但这却不意味着，在成年人的身体器官得到充分发展时，这类暗示就一定比那些信仰更占上风。相反，在一个人心力充沛的时候，运用自己的全部理智而得到的那些信仰，应该成为他任何时候都不加以拒绝的准绳。

——《幸福之路》

不要满足于理性时刻与非理性时刻的交替作用。认真审查非理性意识，决不屈服于它，决不让它左右你自己。无论何时，在它将愚昧的思想或感情注入你的意识层次时，就把这一切彻底排开，审视并拒绝它。不要让自己一半被理智，一半被儿时的愚昧所制约，结果使自己变成一个左右摇摆不定的生物。

——《幸福之路》

我怀疑负罪感是否就是一种使人走向更美好的生活方式的最佳途径。在负罪感中有那么一种卑鄙的、缺乏自尊的成分。通过放弃自己的尊严是不可能使人走上正确的道路的。理性的人会把自己的不良行为同别人的不良行为一样对待，看做一定环境下的行为后果。这些不良行为可以通过两种方法来加以避免，一是充分认识到这种行为的不良性，二是在可能的条件下，避开引起这类行为的环境条件。

——《幸福之路》

负罪感是一种十分无益的情感，而远远不是美好生活的一种成因。它使人不幸，造成人们的自卑感。正因为不幸福，他便可以向别人提出过分的要求，这样做又妨碍他去享受人际关系中的那种幸福。正因为自卑，他就会对那些比自己优越的人表示敌意。他发现对别人羡慕是困难的，而妒忌却是容易的。

——《幸福之路》

传统的道德观是不恰当地以自我为中心的，犯罪意识也是这一不明智的对于自我的关注的一部分。对于那些从来没有越过由这一错误的道德观引起的主观感受的人，理性是一种毫无必要的东西。但是对于那些曾经一度患有这种疾病的人，理性就是一剂必需的、有效的良药。

——《幸福之路》

政 治 篇

1. 文 化

西方文化此前变迁之迅速，以及现在变迁之迅速，可使留恋以往文化的人自觉似生存于另一世界中。

——《赞闲》

古代的文明和我们今天的文明不同，它仅限于少数人，因而多灾多难。这是古代文明的危险所在，因此古代文明虽然能够存在，但最终还是被下层社会的迷信的动乱所战胜。

——《婚姻革命》

科学与工业制度为现在西方文化之特殊标记。

西方文化之起源，则可见其得自埃及、巴比伦者大都为各方文化之特征，不仅为西方特殊之点。特殊之西方性质始于希腊人。

罗马人对于国家之热爱观念是为西方产生稳固政府的要素。

——《赞闲》

文化之最主要特征为“远虑”，是人与兽、成人与孩童重要区别之所在。惟远虑乃量的问题，吾人依据各民族各时代的代表出远虑之量，即能辨别其民族其时代文化之高低。

根据迷信之远虑，虽可产生思想上之习惯足为真实文化发育之要素，但不得以完全开化论。……由是文化之定义为：“由于知识与远虑连合而成之生活状态。”

由于种种方法构成之政治的凝聚力已为西方文化之特殊标记，正与其他地域之文化相反映焉。是则大都得之于爱国主义。

——《赞闲》

夫对于万事惟经济原因是求者乃现代之习俗，不过根据此种习惯之解释势必失之过于轻易耳。譬如，仅仅经济原因必不能说明西班牙之所以衰微，缘此事原因属于褊狭之量也。经济原因亦不能说明科学之勃兴。通常之例则为：文化而不与优越之异类（质）文化相接触者必日即衰微。人类史上仅有极少之时期，世间仅有极少之地域，有自然之进步发生于其中。

进步之伟大时代恒恃才能卓越之少数人物。

——《赞闲》

人之自视其文化也欲求观念之准确，信非易事。达此目的之明显方法有三：曰游历，曰史籍，曰人类学；而予之所欲论述，盖为综是三者之所指示；顾三者之中，对于客观状态能裨助之大，无一能如其所见于表面者也。

——《赞闲》

2. 理想社会

任何社会，无论是古代的或现代的，都有两种密切相联系的主要成分：一种是经济制度，另一种是家庭制度。

——《婚姻革命》

我们今后效忠的不是国家而是社会，是现在和未来全世界全人类的社会。一个美妙的社会不是产生于国家繁荣，而是来自个人的自由发展。一个美好的社会表现在有幸福的日常生活，每一个男人和女人都有符合他们个人兴趣和能充分发挥他们才能的工作；人和人之间的关系自由而充满了博爱，同时，在感情中已不存在因失望而产生嫉妒的根源；更重要的是生活富有乐趣，科学和艺术创作能得到自由的发展。一个时代或者一个国家只有实现了这些成就才有存在的价值，但是，匍匐跪拜在国家之前是得不到这种成就的。

——《自由之路》

与此同时，我们所生存的世界还有许多其他目的。但它将焚毁消亡于自己热烈的欲火中，而从它的死灰里，必将诞生出一个充满新希望，阳光明媚的新的年轻的世界。

——《真与爱——罗素散文集》

好的政治制度，应当减弱其倾向武力的冲动，而治理之于下列两个方法中：第一，为创造的冲动增加机会并用一种教育增强这类冲动。第二，减少占据本能的出路。

——《政治理想》

政治理想，必定根据个人生活的理想，政治目的，当尽力谋个人生活之良好。

——《政治理想》

一个社会如果没有想象力，不爱冒险，不久就会变成一个停滞不进的社会，并且开始变得腐朽。

斗争，假使不是破坏性和残酷的，为了刺激人们的活动，为使活的东西战胜死的东西或纯粹传统的东西，是有其必要的。

——《社会改造原理》

一切制度，如果要使他们不妨害个人的生长，一定要尽可能建立在自愿的结合上面，而不是建立在法律的力量或掌权者的传统权威上面。

——《社会改造原理》

我们根本上所希望看见的经济的制度，应当是在那样的制度里，国家是唯一的收纳经济赁金的收入者，而私有的资本主义的企业，统统为那些实地做工的人所组合的自治团体所代替。

——《政治理想》

人类的制度，没有最后的目的；最好的目的，就是那能鼓励人向着更好的地方进步的目的。没有努力和变更，人类的生活不能保守其好，我们应当要的，不是最完美的乌托邦，乃是想象和希望，是活的是动的世界。

——《政治理想》

社会没有法律和秩序便不能存在，若不藉着猛勇的改革家的创造，决不能有进步。然而法律和秩序向来和改革是仇敌，并且改革家差不多总不免有几分无政府的样子。那些心里恐怕退化变成野蛮的人，总注重法律和秩序；那些心里受趋向文明的希望所鼓励的人，大概总格外觉得个人创造的重要。其实两种性格都是必要的，看在什么时候哪一种有利益，就让他自由活动；这便是智慧。

——《政治理想》

我们所拥护的制度，是一种行会社会主义形式的制度，它倾向于无政府主义的程度或许要比正式行会人员所完全认可的更大。

——《真与爱——罗素散文集》

3. 未来世界

你宁可要一个朋友和敌人都能生存的世界呢，还是要一个双方同归于尽的世界呢？用这些抽象的名词来谈时，大多数人会宁愿要他们的朋友能够生存，而不求消灭敌人。

——《常识与核武器战争》

在那样一个世界里人民该养成怎样的精神呢？我想，体力劳动者们当可充分快乐。统治者们必将顺利地使体力劳动者们愚痴轻浮，工作不会太苛刻，而无穷的娱乐色色俱备。这样便可给体力劳动者一种轻浮愉快的生活，并且从幼即灌输以一种对于统治者的盲目敬畏，到成年又施以宣传而发挥之。

——《科学观》

统治者的心理学可就较难了。他们须得对科学国的理想表示一种艰苦卓绝的专心致志，并为此理想而牺牲一切温柔的情操如妻儿之爱。无论同性或异性，同事间的友谊每易趋成熟，且每易逾越公共道德家们所划定的范围。一切深沉的感性都要取消，唯一的例外是献身于科学及国家。

——《科学观》

在这样的世界上不能保证和平，或使国际间问题的解决能按照国际公德，除非各国愿抛弃他们对外的绝对主权，将关于国际间的事务交国际政府的机关解决。国际政府必须是司法的，也须是立法的。

国际政府当有陆军和海军，并且这些陆军和海军，当为世界上仅有的陆军和海军。武力的唯一正当用途，就是用武力减少世界上一切现有的武力的总额。若任人类自由放纵他们的抢夺本能，有些人或有几群人，将利用这种自由，从事横暴与劫夺。国际政府要有巡警阻止各国乱用武力，是很要紧的，正如国内须有巡警，阻止人民用武力一样。

——《政治理想》

如果家庭解体能成为现实，并不是一件令人高兴的事情。父母之情对于孩子是很重要的，而幼儿园假如规模很大的话，它势必是极正统而且极严厉的。如果不同家庭环境的不同影响不复存在的话，同一将会达到可怕的程度。而且除非事先建立一个国际政府，否则，各个国家的儿童都会受到残忍的爱国主义教育，这将使得他们成人之后不可避免地互相残杀。仅就人口而言，我们也需要建立一个国际政府，不然民族主义者肯定会促使人口的增长大大超过应有的程度，而且由于医疗保健的进步，解决人口过剩问题的唯一办法就是战争。

——《婚姻革命》

在国际关系间要消除现在的无政府的现状，必定要一种国际议会。

——《政治理想》

神祇正像人一样，也要服从正义。但是这种至高无上的力量其本身是非人格的，而不是至高无上的神。

——《西方哲学史》(上)

每一个社会都受着两种相对立的危险的威胁：一方面是由于过分讲纪律与尊敬传统而产生的僵化，另一方面是由于个人主义与个人独立性的增长而使得合作成为不可能，因而造成解体或者是对外来征服者的屈服。

——《西方哲学史》(上)

从一个有组织的世界国得到的利益是大而显明。首先，就可防免战争，且几乎完全可省却现今耗于军备竞争（赛）的心血及费用……从经济观点看来利益是很大的。没有竞争的生产，没有失业的疑虑，没有贫穷，没有景气不景气的仓促更替；各个愿意工作的人会永在安适里，各个不愿工作的人会永在牢狱里，如果一个人向来所从事的工作因环境变迁而不复需要了，他可以去学习某种新的工作，而且当他学习新业时可受到足够的维持。经济的动机将被用来规定人口，大概以不增不减为常则。几乎人生一切的悲哀都可删除，也没有夭折或早殇。

——《科学观》

4. 扭曲的社会

在仇恨和不公平的基础上建立起来的世界决不会是一个最适合产生幸福的世界。

——《真与爱——罗素散文集》

到现在为止，一切虚构出来的乌托邦都是愚蠢不堪的。

——《社会改造原理》

夫以现在与乔治一世时代比较，必觉智力性质有强烈之变化，而随之推移有政治风气之对应变化。在一定意义上，二百年以前的情况，可称为“理性的”，现在时代的最大特征可称为“反理性的”。

——《赞闲》

普通的混乱必然要引起道德之败坏更甚于知识的衰退。绵延了许多世代的动荡不宁，尽管能够容许极少数的人有着极高度的圣洁，但它确乎是敌视体面的公民们的平凡的日常德行的。当你的一切储蓄明天就会一干二净的时候，勤勉就似乎是无用的事；当你对别人诚实而别人却必然欺骗你的时候，诚实就似乎是无益的了；当没有一种原则是重要的或者能有稳固的胜利机会时，就不需要坚持一种原则了；当唯唯诺诺混日子才可以苟全性命与财产的时候，就没有要拥护真理的理由了，一个人的德行若是除了纯粹的现世计较而外便没有别的根源，那么如果他有勇气的话，他在这样一个世界里就会变成一个冒险家，如果他没有勇气的话，他就会是只求默默无闻的怯懦的混世虫。

——《西方哲学史》（上）

最坏的势力，就是那反抗或屈折一个人在道德方面表现为良心的根本冲动的势力；这势力大约可以叫人受那决不能复原的内部的损失。

——《政治理想》

一切历史昭示吾人，执政者之措施无不惟治者阶级之利益是图，惟所处情形有丧失权力之虞者则有间耳。

——《赞闲》

如果主张哈姆雷特存在在他自己的世界中，即，存在在莎士比亚幻想的世界中，就像拿破仑存在在通常的世界上一样地真实，这种说法不是有意惑人，便是不堪信任的糊涂话。只有一个世界，这就是“实在的”世界；莎士比亚的幻想是这世界的一部分，在写哈姆雷特时他所有的思想是实在的。在读这剧本时，我们所有的思想也是实在的。只有在莎士比亚以及读者心中的思想、情绪等等是实在的，此外并没有一个客观的哈姆雷特，这是虚构事物的本质。……假使没有人想到哈姆雷特，就无所谓哈姆雷特，假使没有人想到拿破仑，拿破仑马上就会设法使人想到他自己。实在的意识在逻辑中很重要，谁玩弄戏法，你称哈姆雷特有另一种实在，这是危害思想。

——《数理哲学导论》

现在人类在政治上相互的关系，多根据于完全错误的理想；若要叫这种政治关系，不致再继续作苦难、败坏和罪恶的根源，惟赖有与上十分不同的理想。

——《政治理想》

人类除了在极少的情形外，不能骤然受到训练去做和他们从前所做的完全不同的事业。假使总同盟罢工能有胜利，那些得胜的人，虽然和他们的无政府主义相反，也被逼着要建立一种行政计划，创设新防御的力量，来禁止任意有损的破坏；建设临时政府，指挥革命的各派。

——《政治理想》

企图支持建立在权力上面的制度，是没有用的，因为一切这样的制度都含有不公平在内，而不公平一经被人认识，就不可能对支持与反抗这种制度的人都无重大损害地永久存在下去。损害在于把“自我”

的墙加固，不是开一扇窗户，而是使它们成为牢狱。

——《社会改造原理》

商业主义造成的最大祸害之一就是它毒害着男女之间的关系。

——《真与爱——罗素散文集》

我们的社会制度有许多曲折和枝节。凡是牵涉到大笔钱财的时候，为了分享一部分利益，官方一定会有人情愿合作，或至少假装看不见。

——《郊区的恶魔》

凡是公民团体，他们的利害和欲望，使他们与社会上一切别的人分开，就应当可以自由处理内部的事：这是德谟克拉西的精髓。

——《政治理想》

这个文明世界如果要从腐化中挽救出来，就需要根本的变革——经济结构方面和人生哲学方面的改革。

——《社会改造原理》

国家的本质，就是说国家是国民集体权力的总汇。这个权力有两种形式，一种是对内的，一种是对外的。对内的形式是法律和警察；对外的形式是像体现在海军陆军方面的那种从事战争的权力。

——《社会改造原理》

国家最大的功绩，是防止私人在国内运用武力。国家的最大的罪过，是促使在国外运用武力，又因它的范围广大，使得每一个人都感到自己无能为力。

——《社会改造原理》

国家过高的权力，一部分是通过对内压迫，但主要是通过战争和对战争的恐惧，已成为现代世界痛苦的主要原因之一，也是使人沮丧的主要原因之一，以致使人的智力不能获得充分的发展。

——《社会改造原理》

目前，国际关系中存在的弊病有其心理原因，亦即形成现今人性的一部分的思想根源。主要是竞争心、权力欲和嫉妒。

——《自由之路》

当剧院失火时，理智的人和惊慌失措的人都同样清楚地预见到了灾祸，不过，理智的人采用可能减小灾祸的行动，而惊慌失措的人反而使灾祸扩大。欧洲从1914年以后就一直像是着了火的剧院中惊慌失措的观众，需要的是如何在出逃中避免互相践踏成肉泥的冷静而有权威性的指导。

——《真与爱——罗素散文集》

5. 社会主义

社会主义者，非仅仅为无产阶级而设之学说也。其防止经济之不稳定性也，计在增进一切人之幸福，惟少许极富之民不与焉，使社会主义而能防止第一等大战如予所确信者，其增进全世界之福利盖无限量矣。

——《赞闲》

无论如何，如予所为，既信共产主义与法西斯主义之独裁制度同属不足向往矣，予更悲叹现有之趋势，竟视此两主义为仅有之两途而认民主政治为陈腐焉。

共产主义者之意旨自全体观之，子所赞同也；所不赞同者其手段而非为其目的。若夫法西斯主义者，予之憎恶其目的与憎恶其手段正无轩轾耳。

——《赞闲》

欧文（Robert Oren）在百余年前，创作“合作平行四边形”建筑范式，为工人谋团体生活之利，颇遭当时讪笑。此种主张，在昔穷窘时代，固言之过早，乃其中许多部分现已与实际状况及社会愿望大为接近。

——《赞闲》

社会主义最初为机器生产之调节者，而为普通意见之所需要，计在增进一切人民的幸福，非惟为无产阶级而已，所不与焉者仅人类中之一小部分耳。

社会主义其定义必须包含经济和政治的两部分。经济部分包括基本经济权力之国有，其中至少涉及土地与矿产、资本银行、信用与对外贸易。政治部分所需要者为：基本政治权力须为民主的。

——《赞闲》

经济之不稳定性将不复存在（除非在战争危险仍不能免之情形下），盖以凡非犯罪之人皆将有薪资之收入，而子女费用又将为国家所担任也。为妻者将不依赖其夫，而儿童亦不致以其父母之无能而罹严重痛苦。在经济上此一个人依赖别一个人之状况将不复有，但一切个人俱依赖国家耳。

——《赞闲》

至今尚无良好理由可使合法之方法将致失败，更乏适当理由可信任其他方法有较佳之成功机会。反之，每有一度诉诸非法暴力之举，辄助成法西斯主义之滋长。不论民主政治有何弱点，惟有凭借此政体，惟有赖平民对此政体之信仰，社会主义方可希冀奏功于大不列颠或亚美利加。任何人士苟削减民主政治之信仰者，是为有意的或无意的增加法西斯主义之可有性，而非增加社会主义或共产主义之可有性也。

——《赞闲》

6. 战 争

战争是感情的冲动，而不是理智的行动。

——《真与爱——罗素散文集》

所不幸者，在战争继续不断之情形中，一切科学知识皆系双锋之利器。

吾人所知愈广，则互相残杀之能力亦愈大耳。人类在互相怒搏之中辄求助于昆虫及细菌，倘再有大战发生，人类定有此举，是则虫类将长为最后唯一胜利者绝非不可有之事也。自宇宙观点而言，此或不必惋惜。就人类立场言之，予不禁喟然叹息于吾之族类矣。

——《赞闲》

经济行为依赖武力之范围恒不为世人所洞察。财富所有权之获得，一部分固由于事业技能，而此种技能非在陆海军勇武势力保护之下直无施展之可能。

——《赞闲》

现在构成危险的不是野蛮人。相反地，是那些站在文明最前列的人们。

——《常识与核武器战争》

乃每逢致力以求平静以求合理之际，辄以宣传横阻其间，其所托之形式则为诉诸爱国主义与民族荣誉。今之世界状如酒徒盼悛改，而环绕之好友献佳酿，故而永蹈旧辙矣。在此例中之所谓好友者从彼酒徒之不幸嗜好中图利者也。是则彼改习之第一步须为屏此辈而去之。近代资本主义之能被认为战争原因者乃仅以此种意义而言：此点非即原因之全部，然实为对于其他原因之主要刺激品。

——《赞闲》

所谓“高贵”，除黩武之成功外，无客观之标准；于是战争遂为此种信条所必有之结果。

——《赞闲》

战争，在一切文明国家内，多数人都认为罪恶；然而认为罪恶也不能阻止战争。

——《政治理想》

认为毁灭的世界比共产主义的世界好，或者毁灭的世界比资本主义的世界好，这种观点是难以用抽象的论证来加以驳斥的；但是我认为抱此观点的人，应该问问自己有什么权力利用全部处死刑的方法，把自己的意见强加于没有这种观点的人。这是宗教迫害的一种极端形式，远远超过人类有史以来所主张过的任何东西。

——《常识与核武器战争》

一次大规模的核武器战争将是一场滔天大祸，不但对于交战国如此，对于人类也是如此，而且不会获得任何理智清醒的人所能愿望得到的结果。

——《常识与核武器战争》

未来的大战几乎一定要在欧洲产生普遍的瓦解，设使中美两国也卷入旋涡，则世界文明恐非许多世纪之后不能恢复今日的水平。

——《科学观》

只要战争还成为日常迫切的危险，国家就依然是一个莫洛克①，有时要求个人牺牲生命，而经常为着霸权跟别国作无益的斗争，以致牺牲了个人的自由发展。在内部事务上跟对外事务上一样，战争是自由的最坏的敌人。

——《社会改造原理》

7. 中　国

希腊人可称冠绝古今，然其优于中国也，仅为等级问题耳。

——《赞闲》

一个具有如此卓绝能力和久存不灭的思想体系必定有它的伟大价值，而且一定值得我们尊重和加以研究的。

——《真与爱——罗素散文集》

比起西方人，人们更愿意把自己的不同意见诉诸证据和理由。

① 莫洛克：是以儿童为祭品的腓尼基人的火神。

互让被人们看做是原则，因为为了顾全两方的面子，这是必要的。关于顾全面子，虽然其中有些做法使外国人感到可笑，它却是中国人最宝贵的国民风俗，它使得中国人的社会生活和政治生活比西方更少残忍性。

——《真与爱——罗素散文集》

中国人虽然有时有战争，但它们不是一个好战的民族，并不称赞战争中或事业上的战胜者。根据他们的传统，他们称赞的是学问而不是别的；其次，与学问常常联在一起的是他们称赞文雅和礼貌。

——《真与爱——罗素散文集》

在中国的思想体系中有一个而且只有一个严重缺点，那就是，它不能帮助中国对抗好战的国家。如果整个世界都像中国这样，那么整个世界就会幸福。但是只要其他国家喜欢战争和尚武，那么已不再闭关自守的中国人，如果要保持他们国家的独立，将不得不在某种程度上去模仿我们的恶行。不过，我们别以这种模仿将会成为一种进步的话来奉承我们自己了。

——《真与爱——罗素散文集》

我们有个叫做联合国的东西，但是世界上最大的国家却没有代表，因此，联合国真是荒唐。

——《常识与核武器战争》

中国在潜力上跟俄国或美国一样的强大，并且大有可能在几十年内实际上成为一样的强大。

——《常识与核武器战争》

中国青年之爱国主义与崇拜西洋文明之热心相融合，其情形与五十年以前日本之通行状况相同。若等欲求中国人民得为开通、自由、荣盛之人民，若等计划其工作以产生此种结果为依归。总之，若等之理想为十九世纪之理想，在中国至今犹未有视为陈旧之见端。愤世气概之在中国，往昔乃依随帝制时代之官僚，而自一九一一年以后尚存于相争相角扰乱国家之军事专家中，然在现代知识分子之心性中则不复存在矣。

——《赞闲》

没有一个明白事理的人会期望共产党失去对于中国的控制，除非在一个全世界的剧变之中，那时候每一个人将失去他所控制的一切东西。在美国和联合国里伪称蒋代表中国，这是任何有识人士所不取的。把联合国中现在给蒋的地位给予中国共产党政府，必须成为任何和解措施的一部分。目前保护蒋的那种政策必须放弃。

——《常识与核武器战争》

如果乔治·华盛顿回到今天的地球上来，看见他所创建的国家，将会非常迷惑不解……除非他来到中国，否则不会真正有回到家园之感。在中国，他会在他的幽魂的飘荡中第一次看见仍旧信仰生命、追求自由和快乐的人们，看见就像美国独立战争期间人们对待这些事情一样态度的人们。

——《真与爱——罗素散文集》

在俄国与中国，其政府具有工业眼界，而不得不与巨数之无知农民相争辩。虽然，就此点论之，所当视为重要者，为切记：不能写读之人民可由政府之措施加以改变，其迅速且远过于西欧或美洲之人民。国家授以识字之法并供给适当种类之宣传，即可领导青年国民俯视前辈，直使凌空而飞之美洲为之骇异；由是，极完全之心性变迁可于一世以内致之。此种程序在俄国方正急进之中；在中国亦正发轫。是故在兹二国可逆料其将发展一质地纯净之工业化心性，而不杂以种种因袭元素，如一向存在于进展较缓之西方者。

——《赞闲》

今天，中国像公元前二百年一样是个帝国的社会。人们不必成为一个预言家就能预见，一个苏联和英美之间的联盟，其目的就在于停止这种黄色浪潮。我们能够安稳地等待有色人种的冲突，白种为自己的生存而斗争，白种受到黄、棕、黑三方面的攻击。这就是我建议一个世界政府阻止一次新的战争的原因所在。

——《常识与核武器战争》

8. 政治制度

判断政治和社会的制度，须看他们对于个人有益还是有损。他们鼓动创造过于占据吗？他们含有或增进人类相尊敬的精神吗？他们保全自重吗？

——《政治理想》

每时代所能容忍的，只是过去的创造，至于他那当时的创造，都遇见和以前一样的摧残，好像从不知容忍这件事一样。

——《政治理想》

国家间的关系，和国内各团体间的关系一样，关于内部事务，要各自独立，关于外部事务，要以法律为主，不以武力为主。

——《政治理想》

民族感情存在的时候，最要紧的，就是各民族对于内部事务应当自治，若人民以仇恨的眼光看政府，政府惟有用武力和强暴执行事务，而他们以为政府属于异族的时候，他们自然是这样看待政府。

——《政治理想》

资本主义和工银制度须废止：因为他们是一对吃尽世界上一切生命的怪物。我必得一种良好的制度来代替他们。这种制度须能阻止人类侵略的冲动，并且可以减少经济上的不公平，因为经济上的不公平，使得少数无所事事的人，安富佚乐，而劳苦终日的人，反终身穷困，但是我们要有一种制度破除雇主的专横，使人人能防御贫困，同时又能在管理他所恃以为生的实业中发展个性的创造力。稍为良好的制度即能贯彻这一切的目的。凡德谟克拉西只要因为承受那本无可以忍受之理的罪恶而生厌倦，随时都可以建设这种制度。

——《政治理想》

经济的制度，自然会随着辨认子嗣的方法的改变而发生变化。在母系社会中，一个人是母舅们的继承者；在父系的社会中，一个人则是他父亲的继承人。在父系社会里的父子间关系，比母系社会中任何男性间的关系都要紧密。

——《幸福之路》

分歧和缺乏完全统系是非常需要的。少数党有以自存，而且能自由发表他们的意见。若这件事不能得着，那么迫害和一致的本能，就会强使一切的人进入一个模型，使得一切有生气的进步都不能成功。

——《政治理想》

通常指为发生民族间的利害冲突的事，大概有三：关税，这是欺诈；利用低种人，这是罪恶；以权力和领土骄人，这是学童的愚迷。

——《政治理想》

在各种生活上，经济组织越大越严的时候，思想独立受失败的责罚越大。人类逐渐驯良，逐渐服从命令，而放弃为自己打算的权利，这还有什么稀奇呢？

——《政治理想》

掌握者的专横，是大多数人类所受的无数困苦烦恼的源泉，然而权力还只在少数人手中，就是有些变更的趋势，也只是更集中于少数人的手内。

——《政治理想》

让全国来决定仅仅关系一小部分人的事情是非常危险的。

一个要改变世界面貌的政治制度，它的终极目标必须是使个人获得自由发展。

——《自由之路》

经济制度的目的，可以分为四种：第一是货财有最多数量的生产，和增加技术的进步；第二，是分配的公平；第三，是安宁生活防御贫困；第四，是释放创造的冲动，减少占据的冲动。

——《政治理想》

一种制度，既废去不稳定性者，必可免除近代人生中歇斯底里病之大部分。

——《赞闲》

战争不过算是一颗罪恶的树所开的最后一枝花。就在和平的时候，大多数的人过那单调劳动的生活；多数的女子不得不任苦役，青春未尽，幸福的机会就摧毁了；多数的儿童长成了，但对于可以扩大他们思想可以刺激他们想象的东西，毫不知道；眼见着这种现象，也无人说。那些少数幸运的人，因为所享的不公平之权利，便变成不宽大；因为恐惧大多数人的觉悟，就变成压制。自最下等到最上等，差不多所有的人都聚精会神地在经济竞争之中：争取他所应得的，或保持他所不应得的。

——《政治理想》

盖经济与政治两权之完全合一，实造成可怖之暴政发动机，其间绝无罅隙可容逃避，在如是制度之下转瞬间即无进步可言，缘政府官员之性质，除增加本身权力以外，一切变革皆所反对也。历来凡重大之改善举动，仅仅恃有偶然机会使当世所不喜之人物得遂生存者，乃有实现可能。

——《赞闲》

在纯由竞争造成的世界上，能成为创造的而不能成为占据的人很少，因为在这种世界上，有许多的人，若是他们不注意谋取那物质财富，他们将陷于穷困；在这种世界上，尊荣、权力和尊敬，是施于财富而不施于智慧的；在这种世界上，法律是那富有的人，施行不直于无所有的人身上的。在这样的环境中，虽然天然给予他大创造的能力的人，也要为这竞争的毒所染污。人类结成团体，藉以较大的力，争物质财富，并且对于团体的忠义，使中心贪得的冲动，得有类似理想主义的光轮，围绕四旁。

——《政治理想》

当我们发现了我们所要的什么冲动的时候，我们决不要以劝导，或找出无内部的根源的外部的表现为满足。我们宁可求变更制度的方法，使制度自身在合意的方向中间变更冲动的生活。

——《政治理想》

没有一种从恐惧出发的制度能够促进生活。人类事业的创造的原理是希望，不是恐惧。一切使人成为伟大的，都是从要得到好东西的尝试中产生出来，而不是从要避免思想上认为坏事情的斗争中产生出来的。

——《社会改造原理》

制度于养成男女的品性，有极深的影响，而尤以经济制度为最。他们可以鼓动冒险事业和希望，也可以鼓动怯懦和求安逸的事业。他们可以扩充人类的心智到极大的可能，或闭塞人类的心智，反对一切的事，所不反对的，惟有那大不幸的事。他们可以叫人类的快乐依靠着他所加到世界上所公有的上的，或依靠着他们自己得着那为别人不能分享的私有财物。在这二说之中，现在的资本主义强取其错误的一说，加到那些无英雄气概或无幸运的人身上。

——《政治理想》

9. 和平之路

在这样的人里面，精神生活是已经死了。如果它是活着的话，它会跑出去，用一种好像父母之爱一样热烈的爱去迎接青年的精神。它会不知道自我的界线，把青年们的悲剧看做就是它自己的悲剧。有一些东西会喊出来："不，这是不对的，这是不好的，这不是一个神圣的目的，在这里面青年的聪明受到损害和蔽塞。这是我们这辈年长的人犯了罪，我们把这些青年送到战场上去是为了我们罪恶的热情，我们的精神上的死亡，我们不能从温暖的心肠和精神的活的幻想之中度过我们，豁达大度的生活。

——《社会改造原理》

假定战争不因一国战胜其他各国而结束，那么能使战争永远消灭的唯一道路，是一个全世界的联盟。……先要使全世界只有一个陆军和一个海军，才有理由认为战争已经消失了。这意味着单就国家的军事机能来说，将来只能有一个国家，它将和整个世界一样大。

——《社会改造原理》

如果我们希望享受我们千辛万苦获得的生活水准的话，我们必须随时防止爆发下一次战争，因为，下一次战争将是最后一次。这只有通过设立一个绝对垄断原子的国际政府才行得通。各个国家的国防必须限于警察的装备，纯粹解决内部事务。

——《常识与核武器战争》

武力仅能用以反抗用武力反抗别人的人，或用在需要公共解决的地方，及少数反对多数的行动，不尊重法律的人身上。

——《政治理想》

一个政治家要使本国安全和繁荣，现在只有使一切强大国家都安全和繁荣，才能达到他的目的。

——《常识与核武器战争》

凡是知道那种威胁着人类的危险的人们，他们现在所负的恐惧的重担，可以除去。我相信整个文明世界里将无限欢喜，普天同庆。我相信现在用于仇恨、毁灭和无益竞争的大量人力物力可以转移到创造的用途上去，把幸福和繁荣带到世界上自古以来受贫穷和过度劳苦压迫的地区。我相信现在因为害怕敌人会捣什么鬼而关在铁笼里的友好的感情、宽大和同情，可以得到新的生命和新的力量，重新来主宰人类的行为。这一切都是可能的。只是人们必须允许他们自己过一种自由而有希望的生活，他们现在因受了不必要的恐惧的支配，而被摒于这种生活之外了。

——《常识与核武器战争》

使裁军会议显得十分不光彩的长期争吵，已经把和平之友带到了失望的边缘，如果能证明在这一点上协议是可能的，那么它将成为希望的源泉。

——《常识与核武器战争》

在这向着疯狂的死亡行进之中是没有止境的，除非完全掉转方向而改向理智和生命行进。我们现在的路线显然迟早要引导我们走到毁灭人类的路上去。我们并不是注定要坚持向着灾祸作竞赛。这是人类的意志所造成的，人类的意志也能制止它。

如果我们要逃避不堪设想的大祸，我们必须找到一条避免一切战争的出路，不论战争大小，也不论是否蓄意要使用核武器。

——《常识与核武器战争》

今者倾向战争之冒险冲动虽依然存在于文明各国之一派人民中，而滋长和平愿望之动机则较在过去几世纪中之任何时期大加坚强。世人皆知下次战争颇可造成平民之生命重大损失。

——《赞闲》

10. 人性与政治

毫无疑问，占有食物的欲望过去一直是，而且现在也仍然是导致重大政治事件的主要原因之一。而人不同于其他动物的一个重要方面在于人具有无止境的、永远无法满足的欲望，欲望使人即使到了天堂也会坐立不安。巨蟒饱食后就去睡觉，直到需要再进食时它才醒来，绝大部分人不像巨蟒那样。习惯于吃几个枣充饥的阿拉伯人没有因为获得了东罗马帝国的财富，稍一点头，希腊奴隶就会为他们端上最精美的食物，然而是其他欲望使他们行动起来，尤其是以下四种。可以称之为：占有欲、竞争欲、虚荣心、权力欲。

——《论人性和政治》

占有欲——希望尽可能多地占有财产或拥有财产的所有权——是一个动机。我认为该动机产生于恐惧心理和拥有必需品的欲望结合之中。

——《论人性和政治》

洛克菲勒年幼时经历了极大的贫穷，成年后他仍以同样节俭的方式生活。同样，坐在拜占庭帝国丝绒沙发椅上的阿拉伯酋长也不会忘记沙漠，他们把远远超出任何可能物质需要的财富囤积起来。然而，无论对占有欲进行怎样的精神分析，没有人否认：占有欲是巨大动机之一——尤其在享有较多权力的人当中更是如此，正如我上面讲到的那样，占有欲是永无止境的动机之一。无论你得到了多少，你还希望得到更多，满足是个你永远实现不了的梦。

——《论人性和政治》

虽然占有欲是资本主义制度的主要动机，但它并不是征服饥饿后的一个强大动机，更为强烈的动机乃是竞争。在伊斯兰教史上，王朝一次又一次的遭难，是因为同父异母的子女们常常意见不同，从而导致了内战，赞成了普遍的破坏。现代欧洲也发生过同样的事情。当英国政府极不明智地允许德皇出席斯匹特海德海军检阅式时，出现在德皇脑海里的想法并不是我们所想的那种，他想的是“我必须拥有一个海军，跟祖母的一样好”。就是他的这个想法造成了一系列的麻烦。如果占有欲总是比竞争欲强烈，那么世界会比现在充满幸福。但事实上，许多人只要保证把他们的竞争对手彻底击败宁肯面对贫穷，于是就出现了目前的税制。

——《论人性和政治》

虚荣心是个有巨大潜力的动机。与孩子们打交道的人都知道，孩子们是如何一边做了一些滑稽动作，一边说着“看我”。“看我”是人心中最基本的欲望，它以不同的形式出现，从讲粗俗的笑话到追求死后的声望形式各异。

——《论人性和政治》

虚荣心的问题之一是随着鼓励的增加而增加，越是被别人谈论，越希望被别人谈论。让判了刑的杀人犯阅读一下报上登载的审判他的报告，如果他发现哪家报纸没作充足的报道，他会十分气愤的。政治家和文人就是这样。他们越出名，剪报机构越难满足他们。在人类生活阶段，从三岁幼童到皱一皱眉世界就得抖一抖的君主，要夸大虚荣心的影响不太可能，人类犯了个大不敬的错误，认为神灵敢有同样的欲望，想象神灵也渴望得到不断的歌颂。

——《论人性和政治》

虽然我们谈到的动机影响很大，但权力欲的影响更大。如同虚荣心，权力欲也无法得到满足。简直可以这样说；只有无限权力才能使它满足。由于精力充沛的人特别容易染上这一恶习，权力欲的偶然被实现与人们希望得到权力的欲望不成比例。

——《论人性和政治》

在任何独裁社会制度里，当掌权者享受到权力给他带来的快乐后，他就变得更加专横跋扈了。由于对人的权力表现在能迫使人去做他不愿意做的事情上，那么受权力欲影响的人往往易于给人造成痛苦而让人快乐。如果你有正当理由向上司请假不上班，拒绝比同意更能满足他的权力欲。如果你申请建一座楼房，很显然，说“不行”比说“行”更能使那个小负责人得到快乐。就是这类事情使权力欲变成了一个危险的动机。

——《论人性和政治》

权力欲也有它符合需要的方面。我认为：寻求知识主要受权力欲的影响，科学技术的进步也受它的影响，在政治方面，改革者可能和暴君有同样强的权力欲。把权力欲完全当成一个动机是十分错误的，这个动机是引导你去做有益的事情还是去做有害的事情，取决于社会制度，取决于你的能力。

——《论人性和政治》

现在我们来看一看其他动机。虽然从某种意义上讲它们比不上我们谈过的动机那样重要，但仍具有相当的重要性。其一是寻求刺激。人在感受厌烦方面表现得优于牲畜，但当我观察动物园里的猿时，有时我也想猿可能也有厌倦情感的萌芽吧。无论怎样，实验证明摆脱厌倦几乎是所有人的强烈愿望之一。

——《论人性和政治》

找出寻求刺激的根源并不是件容易的事情。我倾向于认为我们目前的心理构成只停留在人靠狩猎为生的那个阶段上。一个男人花整整一天的时间，拿着非常原始的武器跟踪一头鹿，希望美餐一顿。在一天结束之时，胜利地将死鹿拖进他的洞里，然后他疲惫不堪地、心满意足地坐下来，由他的妻子收拾鹿、炖鹿肉。他困得要命，骨头发酸，炖鹿肉的香味充进他意识中的每个角落。饱餐后他便呼呼大睡。在这种生活里面既没有时间也没有精力去感到厌倦。但当他开始从事农业，让妻子干田里一切重活时，他就有时间去考虑人生的虚荣、去创造神话和哲学体系，梦想来世他能不断地捕猎天堂的野猪。

——《论人性和政治》

我们的心事构成只适于干非常重的体力劳动的生活，当我年轻的时候，我经常徒步旅行度假，一天要步行25英里，到了晚上我就不需要用什么去摆脱厌倦，因为坐着的快乐就足够了。但是现代生活不能靠这种消耗体力的原则进行，许多工作都需要坐着干，大多数体力活也只需运用几块专门肌肉而已。成群成群的伦敦人聚集在特拉法加广场欢呼政府决定让他们去送死的声明，如果那天他们步行25英里，他们就不会那样喊了。如果人类要生存下去——也许它不合需要——用步行医治好战问题是不切实际的，必须找出其他既能发泄未用上的、能产生刺激欲的体验又无危害的途径来。

——《论人性和政治》

对于这种事情道德家和社会改革者们考虑得极少，社会改革者们认为他们有更为严重的事情要考虑，而另一方面，道德家们则对一切允许人们发泄刺激欲的事情的严重性产生极大兴趣。在他们脑子里，严重性就是犯罪的严重性。如果我们没听错的话，舞厅、电影院、我们这个时代的爵士乐统统都是通往地狱的途径，因此我们最好坐在家里反思自己的罪过。我觉得自己不能完全同意发出这样警告的人的意见。魔鬼有多种形式，有的企图欺骗青年，有的企图欺骗老年人和严肃的人，假如魔鬼能引诱青年寻欢作乐，有没有可能这个魔鬼还能劝说老年人去谴责青年享乐呢？有没有可能受谴责是一种适合老年人的刺激呢？有没有可能有那么一种药——像鸦片——必须不断地、大剂量地吃，以此产生所需要的效果来？是不是恐怕有人从谴责电影院的邪恶开始，引导我们一步一步地去谴责对立政党、意大利佬、南欧佬、亚洲佬，总之，除了本俱乐部成员之外的所有人呢？当这种谴责广泛传播之时，战争便爆发了。我从未听说过哪场战争是由舞厅引起的。

——《论人性和政治》

寻求刺激的严重性在于它的许多种形式具有危害性。其有害性表现在那些不能控制自己饮酒、赌博的人身上。当寻求刺激以聚众斗殴的形式出现时，它是有害的。总之，当寻求刺激导致战争时，它是有害的。除非有既无危害又能发泄人的刺激欲的现成途径，否则人的刺激欲太强可能用有害的方式发泄。目前既无危害又能发泄人的追求刺激欲的途径有运动，还有政治（只要在宪法之内），但是这些还不够，尤其是最能产生刺激的那种政治，它也最能产生危害。

——《论人性和政治》

社会·教育篇

1. 冲 动

人类的一切活动都发生于两个来源：冲动与愿望。

——《社会改造原理》

导致战争的冲动，尽管它能酿成一切破坏，但是一个具有这些冲动的民族，比较另一个一切冲动都已消失的民族，有更大的希望。冲动是生命的表现，冲动存在的时候，就有转向生命的希望，而不是趋向死亡；但是缺乏冲动就是死亡，死亡不会产生新的生命。

——《社会改造原理》

在我们的本性中，比较偏重于本能的部分，都受制于追求某些活动的冲动，而不是受制于追求某些目标的愿望。

——《社会改造原理》

冲动是我们行动的基础，它的范围大大超过于愿望。

直接的冲动是在推动着我们，而我们想象中的愿望仅仅是冲动所披着的外衣罢了。

——《社会改造原理》

创造的冲动和占据的冲动不同，它是向着一种他的成功不是别人损失的目的的。有科学上的发明，或是做成一首好诗的人，使自己生活丰富，同时他使别人的生活丰富。

——《政治理想》

少年人可以希望大功业的报酬的愿望，而没有引起成此功业的活动的自然冲动。但是那些毕竟成功很大的人，虽然也可有受报酬的愿望，却在他的性格中，还有一种冲动，使他们选择某种工作，这种工作是满足他们奢望所必须行走的道路。此种艺术家的冲动，对于个人有无穷的价值，有许多时对于世界也是如此。

——《政治理想》

大多数冒充的思想，实际上是非理性的冲动所引起的，只是一种说服自己的手段，以为放纵了这种冲动，就不会使我们失望或受到伤害。

——《社会改造原理》

要防止战争，不能单靠理性的力量，一定要有一种积极的富有冲动和热情的生活，才能克服导致战争的冲动和热情。

——《社会改造原理》

战争，主要是从冲动的生活中产生出来，而不是产生于理性或愿望的。有侵略的冲动，也有反侵略的冲动。两者有时可能跟理性相一致，但在许多事例中，战争的实施是跟理性背道而驰的。

——《社会改造原理》

战争之所以难于制止，就因为它发生于一种冲动，而不是从计算战争的好处上发生的。

——《社会改造原理》

一旦战事迫近，战争的热狂支配了人民，于是早先已是好战的人发现，除了微不足道的少数人以外，其余一切人都热烈地支持他们。

——《社会改造原理》

盲目的冲动有时引导到毁灭和死亡，但有时也可以引导到世界上最好的事情。盲目的冲动是战争的来源；但也是科学、艺术和爱的来源。我们所需要的，不是冲动的削弱，而是引导冲动到生命和发展方面去，不是引向死亡和腐朽方面去。

——《社会改造原理》

德国曾经热烈地指责英国，说道："你英国臃肿而老朽，你遮住了我的整个生长——你的枯枝使太阳照不到我，使我得不到雨水滋养。你展开的树叶必须砍掉，你和谐的美丽必须毁灭，才能使我也可以有生长的自由，使我青春的活力不受你一堆腐朽的东西所阻碍。"

——《社会改造原理》

森林里的野人，从关闭他的思想牢狱里跑出来了。这就是战争狂热心理的比较深的部分。

——《社会改造原理》

西方有许多人，我料想东方也有许多人，他们认为与其看到他们所憎恶的思想体系得到胜利，不如让人类毁灭。……他们主张，如果不进行核武器战争不能阻止对方的胜利，那么就应该进行核武器战争，即使有全世界同归于尽的危险，也在所不顾。我不能不把这种观点看做一个表现残酷热狂的观点。

——《常识与核武器战争》

这是很奇怪的，强调自己民族优点会被当做一种美德，如果有一个人宣称："我在道德上、知识上都比其他一切人优越，而且因为这个优越性，我有权利只顾自己的利益，不顾其他一切的利益。"试问你对这样一个人作何感想？毋庸置疑，有许多人有这样的感觉，但是他们如果太公开地宣扬自己的感觉，并且据此而行动的时候过于嚣张，那就要被人看不起。可是，如果有一群这样的人，成为某一地区的民众，集体发出这样一个自我称赞的宣言，人家就认为他们是高尚的、光荣的和精神充沛的。他们互相标榜，并且教导小学生去崇拜那些最嚣张的民族自大狂的说教者。

——《常识与核武器战争》

如果全世界的人民都是一样的，这并不是一件好事。在文化方面，不同民族之间有不同的文化，因而产生了挺好的多样性，而且这种不同是对文学和艺术的一个刺激。只有当民族主义导致武力冲突的时候，才变成一个危险。一个民族在每一件事情上有独立性完全是一桩好事，只是不能对其他民族采取激烈的敌对行为。

——《常识与核武器战争》

必须先使勇气富有民主精神，然后勇气才会使人富有人情味。

——《真与爱——罗素散文集》

2. 权力·权威

信仰任何个人之确无错误，乃危险之事；其结果必为太过简单化。《圣经》逐字俱有灵感之传说已令世人过于甘心信从，而不复搜阅任何圣书。然而，如此崇拜权威，违背科学精神矣。

——《赞闲》

爱权力比谋经济上自我的利益还更强。爱权力的心，催着那班巨富的人向前猛进，他们的钱已经用不完；然而他们还向前集聚财产，不过是要想渐渐地控制世界上的财政。爱权力的心，明明是许多政治家的最有势力的动机。也是战争的一大原因，因为纯粹就财的一方面看来，战争差不多公认为总是一种很坏的投机事业。

——《政治理想》

掌握权力的人总是无知的，而且是恶意的。他们越少运用权力，带来的灾祸也就越少。

——《真与爱——罗素散文集》

凡少数人获得权力驾于多数人之上者，必有一种允许支配多数心理之迷信为之辅助。

——《赞闲》

义务这个概念是掌握权力的人用来诱使人们为他们的主人的利益而生存，而不是为自己的利益而生存的一种手段。当然，掌握权力的人掩盖这一事实，使人相信他们的利益同大多数人的利益是一致的。

——《真与爱——罗素散文集》

3. 自　由

有一点自由，有一点阳光，有一点新鲜空气，即使你力图在思想上回避的那些问题，对你只能是有益处的。

——《郊区的恶魔》

自由民主政治的原则是：有争议的问题应该说服而不应该压服。

——《真与爱——罗素散文集》

在野蛮人中，不会产生个人的自由问题，因为他们并不感到需要自由；个人的自由问题产生于文明人中间，而且人类文明程度越高，这个问题也就越迫切。

——《真与爱——罗素散文集》

最大的自由，不能由无政府得来。

——《政治理想》

在现今的社会，生活状况时时变迁，要图一种有成就的适应，需要知识界也有同样快的变迁。所以应当要有鼓励新思想的发表的企图，而且要传播新思潮的知识，不应当阻拦他们。

——《政治理想》

教育的目的，不在教一切人有同样的思想，但要各人的思想都能是他的人最完全的表现。至于选择谋生方法，一切青年男女都应当尽力选自己所爱的，若是谋金钱的职业，不合他们所好，则当有就小事得小资的自由，而以余暇随他的志愿做事。

——《政治理想》

对于最低限度的自由的要求，即饮食、健康、住房、衣服以及做父母的愿望等方面的要求，应当首先得到满足。

——《真与爱——罗素散文集》

我们所寻求的自由并不是那种压迫别人的权力，而是按照我们的意愿去生活，按照我们的意愿去思想的权力，而且，不会阻碍他人也按自己的意愿去生活和思想。

——《真与爱——罗素散文集》

一个人的活动，创造的部分应当极大的自由，不受公共管理，才可以保着他的自然，并充满生气。对于个人生活这方面，国家唯一的职权，就是尽力地供给出路和机会。

——《政治理想》

从最抽象的定义上来说，“自由”就是指没有外部的障碍来阻止实现我们的意愿。因此从这种抽象意义上来看，自由可以通过两条途径来扩大：增长能力、缩小欲望。

——《真与爱——罗素散文集》

制度不能保全自由，除非人们认识自由的宝贵而自愿尽力地使它活着。

——《社会改造原理》

一个自由的社会不但需要有法律上的自由，而且也需要一种宽容的舆论，要消灭一种属于本能的好管邻居的事情的习性。

——《社会改造原理》

官吏和富人是天生在一起的，然而无论是否偏袒富人，他们不见得会诚心赞助进步。国会议员也是如此，不过议员要结交选民团体罢了。然而这样，也不过使得治人阶级在他的一种特性外，更添上一种假面具。……像现今这样的民主，仍不是纯粹完美的政治器具。

——《政治理想》

在有些人要对别人施行强暴的时候，决不能有完全的自由，因为不是施行强暴的欲望必须制止，即是被害的人必须忍受。

——《政治理想》

自由主义的本质就是企图不根据非理性的教条而获得一种社会秩序，并且除了为保存社会所必须的束缚而外，不再以更多的束缚来保证社会的安定。

——《西方哲学史》（上）

虽然文明开化的人比野蛮人有更加完备的社会组织，但他们显示出来的本能却较少具有社会性。

——《真与爱——罗素散文集》

一个团体为了求得全体的生理需要而干涉个体的这种抽象权利，我是承认的，但是对于一个人不是靠牺牲别人而获得的那些方面，我不承认有权干涉。我的意思是指意见、知识和艺术这类事情。在一个团体中，大多数人是厌恶某些意见的，这种事实并没有给这些大多数人干涉持此意见的人的权利。如果某一团体中大多数人不想知道某一事实，那么他们也没有权利去干涉那些想知道事实的人。

——《真与爱——罗素散文集》

幸运的人对于不幸的人实行专制时，不应受到任何限制，这句话并不适应经济领域，而只适应于精神领域内。我们希望自由竞争只存在于观念领域，而不是商业场合之中。

——《真与爱——罗素散文集》

一个大体只由一种类型的性格组成的社会，自然比其中有好几种性格的社会拥有较多的自由。一个由人类和老虎组成的社会，不可能有很大的自由，或者是人，或者是老虎，总要有一类成为另一类的奴隶。

——《真与爱——罗素散文集》

我不知道有什么东西可以阻拦野心家啸聚党羽、私制军火，奴役那些赤手空拳、一向信赖自由神圣的公民。因为按照无政府主义的原则，不管这些野心家的目的怎样，社会是不能干涉私人训练军队的。

——《自由之路》

一个人的欲望与他人的欲望常常是不相容的，所以说所谓无政府状态，就是强者获得自由，弱者沦为奴隶。

——《真与爱——罗素散文集》

尊严、节制和例行公事——现代工业社会全部铁的纪律——已经扼杀了我们的艺术冲动，并禁锢了我们的爱，使它不再是丰富的、自由的和有创造性的，相反地却必然成为不愉快的和偷偷摸摸的。

——《真与爱——罗素散文集》

运用权威几乎必然产生专制，而由多数人掌权的习惯已造成了对专制的陶醉和冲动，在这样的民主国家里，具有唤取暴民迫害本能这种手腕的人，就拥有超乎寻常的作恶能力。

——《真与爱——罗素散文集》

多数人毫无拘束地行使权力的民主政治，可能几乎像专制政治一样残暴。

——《真与爱——罗素散文集》

4. 富人·穷人·现代力的掌握者

力的掌握者抛丢了全人生所有的其他冲动。恋爱、父母性、快乐及美，对于现代工业家，比对于古时王孙贵卿来得不见重要。操纵和开拓是典型的科学工业家之主导欲望。平常人可不参与这种紧密的集中。但正因为此故，他不能获得对于力源的掌握，而将世界之实践的政治委诸机械主义的狂热者。现代巨大事业的领袖们所有改变世界的力量远超越过去人们所曾有的力量。他们可不是像尼罗王或成吉思汗那么自由谋杀人头，但他们能够决定谁要饿死和谁要致富，他们能够移山倒海缩短河流的途程，能够抑扬兴衰判令政府的倾覆。全历史昭示伟大的力正在狂醉中。幸而现代力的掌握者还不十分觉察他们可以怎样厉害地为所欲为，但是，他们一旦恍然有此认识，则人类的暴君、政治上一种新纪元可立而待。

——《科学观》

如果富人正在享受一顿丰富的宴席而乞丐在嚼面包皮时，富人却对人家鼓吹贫穷的好处，那么这个富人就会被大家看做是一个伪君子。

——《真与爱——罗素散文集》

有人说爱好永恒事物是靠旁人的劳动为生的有限阶级的本色。我看这未必正确。艾比克泰德和斯宾诺莎都不是有闲绅士。反之，也可以极力说，把天堂当成一个无所事事的场所的想法，是那些只求休息的疲累劳工的想法。这样的辩论能够无止境地进行下去，毫无结果。

——《西方哲学史》（下）

一个富人虽因虚耗一小时的可善加利用的光阴于狎邪游的琐事而需求宽宥，他却可凭某项决议书陷数百万人于穷困，连最严刻的天主教的忏悔者也不认为有罪。

——《科学观》

巨大的财富赢得我们大家真心的羡慕，因此我们不忍想到一个大富翁会受到无礼的待遇。

——《社会改造原理》

人们只要调查一下，我们有多少诗人是拥有私人财产的，就会明白贫穷埋没了多少有才华的人。

——《自由之路》

贫穷只不过是症状，奴役才是病根。束缚与放纵达到极端，贫富不免也会随之达到极端。多数人并不是因为贫穷而被奴役，而是因被奴役而贫穷。

——《真与爱——罗素散文集》

自太古以来，建筑之为用有二焉：其一在纯粹之实利，障蔽风日雨雪，御寒而保温是也；其一在政治，以石工之壮丽，印观感于人心是也。以言贫民居处之计，前者之旨已可满足；若夫神祇庙宇，帝王宫阙，则制尚崇闳，所以起庶民之敬畏，使懔懔于神之威权及天之骄子之不可犯也。和崇尊的对象，间有不属于帝王本身而在邦国社会者：若雅典之“堡寨”，罗马之“天神之庙”，即所以耀雄都之威严，启迪臣民，感发盟国者也。

——《赞闲》

5. 人　口

人口问题是一个双重问题，我们既要防止人口增长过快，又要避免人口下降。

——《婚姻革命》

随着知识的增长，通过政府的正确法令去控制那些被前人视为自然的力量，越发成为一件可能的事情。人口增长，便是这些力量中的一种。自从基督教产生以来，人口的增长一直为盲目的本能所支配。正确控制人口增长的时代就要到来了。然而，在这件事上，正像前面所提到过的国家负责养育孩子那样，如果要使政府的干涉成为有益的，这种干涉必须是国际政府的干涉，而绝不能是那些彼此竞争的军国主义国家的干涉。

——《婚姻革命》

无论如何，凡生育有各种精神病象的子女的父母们贻害子女，亦贻害社稷。所以若指出自由原则，即不啻放任他们干这种有害的行为。

——《科学观》

政府的统计家将竭力精密地规定世界人口，务求其不过多不过少，刚好使每人得以享受最大的物质舒服。

科学在生育问题上所引起的对于传统感性的背驰是不能有任何限制的。将来如果严格地规定数量与品质，则每代约有百分之二十五的女子与百分之五的男子可被选择作次代的父母，而其余的男女则可断绝其生殖力。选择生育的妇女每人要生八九个儿童，她们与无生殖力的男子的关系，或无生殖力的男女彼此的关系，不得加以障碍。

——《科学观》

6. 妇　女

妇女的痛苦对许多男人来说是件乐事，因此，他们有一种墨守任何神学上或伦理上的法规的癖好，这种法规使忍受痛苦成为妇女的义务，即使并无避免痛苦的不正当理由时也是如此。

——《宗教与科学》

挽近虽于妇女状况的改进多所致力，而已嫁女子之大部分在经济上仍然依赖于其夫。……此种状况持续一日，即一日不能谓已嫁女子对于男子有丝毫接近经济平等之处。若无社会致之建立而欲睹兹事能有匡正之法，良属困难。

——《赞闲》

林立之工厂与其间蝟集蚁聚之小屋，显现近代人生之矛盾异状。所以宁取此派建筑范式者，盖有关于妇女之社会地位焉。虽以女权主义之发展，马夫投票权之获得，工资阶级中妻之地位，无论如何，与曩昔无甚差异。妻仍依赖夫之收入，虽工作至为勤苦，亦无工资可得。其专长在管家，故乐有家宅而管理之。人类大多数所共具之各个进取欲望，在伊则除家庭外别无出路可言。在为夫者一方面，方以其妻为彼辛勤，经济惟彼是赖为乐；尤有甚者，则其妻其宅所以满足其置产之天性者，乃为其他任何范式之建筑所不能及。夫之与妻，以互为所有之故，若有时需要较为广大之社交，辄互盼不至遭遇异性危险分子。所以彼等生活虽不免于拘束，女子虽劳苦过分，实俱不欲变易其生活组织。

——《赞闲》

7. 闲　暇

吾人可盼望种种工艺上之改进，一部分将用以供给人类更大之安适，而一部分供给更多之闲暇。

——《赞闲》

把工作视为美德的信念在现代世界已造成大量灾难，通向幸福和繁荣在于有计划地缩减工作。

——《真与爱——罗素散文集》

人类所希冀的天堂，为未曾发生过什么事故或变迁的：这是人类工作过于操劳所受的困倦的不幸的证明。

——《政治理想》

现代的生产方法使我们全都有可能得到快乐和安逸，然而，我们舍此而不取，使得一部分人劳累过度，另一部分人忍饥挨饿。我们至今还像在没有机器的时代一样；我们一直做了傻瓜，但决没有永远做傻瓜的理由。

——《真与爱——罗素散文集》

无如现在因运用利润动机之故，致空闲光阴不能有均匀之分配。

——《赞闲》

只要一个人不断消费他所赚得的，那他为别人提供糊口之食的数量就像他从别人口中夺得糊口之食的数量一样多。从这个观点来看，真正的罪人是节约者。

——《真与爱——罗素散文集》

贷款给政府的人就与莎士比亚剧中雇用凶手的坏人同属一类。此人节省而得到的结果，不过是使他贷给国家之款，用来增长国家的武力而已。如果他用掉赚来的钱，即使是用来酗酒或赌博，那也显然要好得多。

——《真与爱——罗素散文集》

8. 伟　人

人类中从普通人中选出的任何一部分人，把他们隔离开来，并且告诉他们在品德上他们胜过别人。在古代的君王或号称为“伟人”的人物中间，这种情形是很普通的。

——《社会改造原理》

只有少数杰出人物，对全人类怀有深厚的爱，对广大群众所遭受的痛苦和灾难不忍目睹。他们终于把一切个人利害置之度外，挺身而出，以悲天悯人的精神，力图首先在思想上然后在行动上打开一条出路，建立一个新的社会制度，使将来的生活多一些欢乐，少一些像今日这样的可以防止发生的痛苦。

——《自由之路》

9. 教　育

教育应该培养追求真理的愿望，而不是相信某种特殊的信条就是真理。

——《社会改造原理》

今天统治着掌握青年教育的那些人的头脑的，是保全过去的愿望，而不是创造未来的希望。教育的目的不应该在于被动地注意死的事实，而应该注重一种活动，以我们的努力所要创造出来的世界为方向。教育应受鼓舞的，不是以惋惜的心情追求那已灭亡的希腊和文艺复兴时代的美景，而是追求辉煌的远景，指出将来应有的社会，思想在未来的时间内所要完成的胜利和窥测宇宙的日益广阔的眼界。凡是在这样的精神之下教育出来的人，将会充满了生命、希望和喜悦，能够尽他们的力带给人类一个比较过去更光明的未来，而且对于人类的努力所创造出的光荣具有信心。

——《社会改造原理》

我们应该把目的放在保全独立和冲动上，来代替服从和纪律。教育应该设法发展思想上的公平来代替无情。教育应该慢慢地注入敬意和谅解的态度，来代替轻视；对于他人的意见，不一定要同意，但是如有反对应该和想象的理解及清楚地认识反对的理由相结合。目标应该在于刺激建设性的怀疑、对大胆思想的爱好、凭思想上的进取心和大胆来战胜世界的感觉，而不是轻信。

——《社会改造原理》

减少很快的讲授而多从事于讨论，给学生以更多的机会使他们受到鼓励来发表自己的意见，更多地尝试使教育的内容能使学生感到一些兴趣。

——《社会改造原理》

在青年时期，应该在青年面前呈现大量的客观兴趣，教育应该以能给予青年为自身之外的目的而活着的观念为指导，这可以通过启发暗示而不是明显的劝告来达到。当生活中遇到不幸的事情时，应使他们通过想起还有许多值得他们活着为之奋斗的事情，而学会忍受这种不幸的事情；但他们不能沉湎于可能的不幸中，即使是为了做好精神准备来对付不幸。

那些以同青年人打交道为职业的人必须好自为之，不要企图从教育纪律的必要因素中获得虐待狂式的快乐；教育中执行纪律的动机必须始终是为了品德和智力的发展。

——《真与爱——罗素散文集》

民主国家的教育机构中最重要的教育内容之一就是培养鉴别论点的能力，以及确立准备能看清哪一方更为有理就接受哪一方的意见的不偏不倚思想。

——《真与爱——罗素散文集》

方今高等教育，虽非全然，实大多限于富裕人家之子女。……现制之结果厥为才能之大大浪费。

——《赞闲》

只有天赋才能使教育产生它在普通材料上所不能产生的效果。

只有那些具有天赋的人才能在各个领域做出伟大的建树。

——《婚姻革命》

教育的目的有二：一方面培植思想，他方面训练公民。……要想象一个科学的社会中的教育，最好拿耶稣会所提供的教育来比喻。耶稣会提供两种教育：一种是为造就普通的世人，另一种为造就“耶稣会”的会员人才。同样，科学的治者们也得为普通男女提供一种教育，又为未来的科学权力掌握者提供另一种教育。……如此，就天赋的智能上而言，则两阶级之间的裂罅可不断地愈来愈深远。这不至于取消较乏智能的阶级，因为治理者们将不愿从事无趣味的体力的工作，且不愿被剥夺机会致不能行使仁政及他们由管理体力劳动者而获得的公共精神。

——《科学观》

不仅不应当要求教师发表千篇一律的意见，而且要尽可能避免出现这种情况，因为教师各抒己见是健全的教育所必不可少的。

——《真与爱——罗素散文集》

一个真正善于施教的人，并且要使青年生长和发展得完全，一定要十分透彻地充满了尊敬的精神。

——《社会改造原理》

国家一定要儿童受教育，这是合理的，但若要强使教育程序必须划一，而且要养成一种死板的一致，便不合理了，教育以及广义的心理生活，是一种极需要个人创造的事件。国家的功用，始终只能强迫要人受几种教育，若是能够做到的时候，就要人受一种增进心理的个人主义的教育，决不可要那种偶尔和政府中人成见相合的教育。

——《政治理想》

人生物质器械之均齐，关系并不重要，惟思想及意见之均齐乃大为危险。

——《赞闲》

主持教育的权威者，教给孩子们的“爱国主义”，实际上就是制造一种狂热，为了一些毫无意义的原因，让人们去杀人或被杀。假如权力永远掌握在那些能在他们的管制下得到好处的人手中，那么危害就会相对减少。

——《真与爱——罗素散文集》

我们不要一切的人都相同。我们不要设立一模型，用各种方法，叫一切的人皆与这模型相近。这是操切的行政官员的理想。一个坏教员，以灌输他的意见为目的，造就一班对于一个疑点，有同样答案的学生。

——《政治理想》

多数教师自然不愿冒险，就避免公开表示他们不大正统的观点。这是一种危险的状况，公正无偏的智慧偏颇地被缄口不言，保守主义和蒙昧主义的势力却自信可以依旧占上风。

——《真与爱——罗素散文集》

一种再三强调的说教可以使大多数人，尤其是在其孩提时代，产生坚定的信仰，以至可以支配他们的下意识，所以我们当中的许多人虽然自认为我们对于正统观念的态度是十分解放的，而实际上，我们仍然不知不觉地为这些说教支配着。

——《婚姻革命》

不但教员要他们的学生有一种叫他们的动作容易预先晓得和决不致不便的“一致”；就是有权力的人，对于属员，也是这样。其结果是他们在能压制自己发动力和个性的时候，就压制；不能的时候，就从事争论。

——《政治理想》

现在的大学用较为系统的方式提供了从前有闲阶级偶然地，并作为副产品所提供的东西。这是一个大的进步，但还存在一些缺点。大学生活与外界世界过于不同，这使那些生活在学院环境中的人并不了解普通的男人和女人的偏见和问题；再说，他们发表意见的方式往往不适当，所以本应该影响民众的，结果却失去了力量。另外一个缺点是，由于大学里设置的课程是固定不变的，这就使得有志于探索新奇方面的人可能受到妨碍。因此，大学虽有它的用处，但对院墙之外的文明的利益却不能给以有力的维护；而在院墙之外的人们过于忙忙碌碌，无暇顾及非实用的事情。

——《真与爱——罗素散文集》

现在有一趋势，以反对权力为有重要价值，而以违俗反常之见解为必然正确，此则危险殊甚。

——《赞闲》

使人轻信的教育，经过一个时期很快就会引导到思想的腐朽；使自由发问的精神活着，是达到进步不可缺少的最低限度的要求。

——《社会改造原理》

教育所根据的全副精神，必要变更，藉以勉励儿童为他们自己思想和知觉，而不至于被动地顺从别人的思想和感觉。

——《政治理想》

考试制度和教学主要是为谋生作训练这一事实，引导青年从一个纯粹功利的观点来看待知识，把它作为赚钱的道路，而不是当作智慧的门径。

——《社会改造原理》

被动地接受教师的智慧，对于大多数的男女孩子是容易的。……但是被动接受的习惯，在后来生活中是一个不幸的习惯。它教人寻求一个领袖，而且接受任何一个稳坐在领袖位置上的人作为他的领袖。

——《社会改造原理》

就大多数儿童而论，尊重他人之一美德必不自然发生，但必须加以教导，然非施用权力又鲜能教之而获效。

教师应具此德性者，鲜有干涉儿童自由之需要，惟在必要时又能实行干涉而不致贻心理上之损伤焉。

——《赞闲》

为了产生这个高度的信仰和战时的效率，采用培养遏制的方法来防止新思想的滋长，于是儿童的本性被歪曲了，他们自由的展望被遏制了。对那些头脑很不灵活的人来说，结果是成见万能；对于那少数思想没有完全被扼杀的人来说，变成愤世嫉俗，智能无力，恶意讥评，能把一切活的东西看成愚蠢，只会毁灭他人的创造冲动而自己又不能加以补充。

——《社会改造原理》

无论哪一个与儿童相处的人都会很快明白，过多的同情是错误的。当然，过少的同情更是错误的，在这方面就像其他任何事情一样，走极端都是不好的。

儿童极易认识到，一位有时稍有点严肃态度的成年人对他们是最好的；他们的本能会告诉他们是否为人所喜爱，从那些他们认为是希望他们正常发展的慈爱的人那里，儿童能忍受一时的严厉。

——《真与爱——罗素散文集》

孩子的本能既能产生有益的活动，也能造成有害的活动，这就像火车头上的蒸汽一样，它既能将火车送达目的地，也能使火车出轨，从而造成恶性事件。教育的功能就是把本能引导到能够造成有益的而不是有害的活动的方向上去。

——《婚姻革命》

在过去，纪律观念很严，以至于使教育成为制造残忍冲动的手段。是否能只保留少量训诫，而不至于扩展到使儿童感受到苦为乐事呢？墨守成规的人当然会否认他们感到这种事的快乐。大家都知道这样一个故事，一位做父亲的在举杖打他儿子时说：“孩子，我打你这使我比你更难受。”他儿子回答说：“父亲，那你愿意换过来让我替你效劳此事吗？”

——《真与爱——罗素散文集》

10. 竞　争

如果你随便问一个美国人，或是一个英国商人，在他的生活中，什么是对快乐的最大的妨碍？他会说："生存竞争。"他这话是肺腑之言，他相信确是这样。在某种意义上，这话是对的；但从另一层意义、而且是更重要的意义上来看，事情未必这样。当然，生存竞争是确实存在的。如果我们是不幸的，我们就得去为生存而斗争。

——《幸福之路》

问题的根子在于，人们过分地强调竞争的成功，以至于把它变成幸福的主要源泉。我不否认，成功意识更容易使人热爱生活。比方说，一个在整个青年时期一直默默无闻的画家，一旦他的才华得到公认，他多半会变得快乐幸福起来。我也不否认，在一定的意义上，金钱能大大地助于增进幸福；而一旦超出这种意义，事情就不一样了。总之，我坚信，成功只能是幸福的构成因素之一，如果不惜以牺牲其他一切因素以得到它，那么这个代价实在是太昂贵了。

——《幸福之路》

不管一个人的职业是什么，成功中总有竞争的因素。同时我们应该看到，为人们所尊重的不仅仅是成功，还有那优异的表现。不管其形式如何，成功都得依赖于这种表现。

——《幸福之路》

心理的竞争习惯很容易侵入本来不属于它的领域。以读书为例。读一本书，往往出于两种动机：一、因为你欣赏它；二、因为你可以借此炫耀一番。

——《幸福之路》

现代生活中对于竞争的过分强调，同文明准则的普遍堕落是有关的，这种情况开始于奥古斯都时代之后的罗马帝国。男男女女们已显得没有能力欣赏那些志趣更为高尚的娱乐了。

——《幸福之路》

问题并不仅仅在于个人方面，个人在他孤立的情况下也不能防止它。问题在于为人们普遍接受的生活哲学，按照这种哲学的看法，生活就是一种奋斗，一场斗争，在这场斗争中，荣誉属于胜利者。这种观点导致了对意志力培养的过分强调，而这是以牺牲各种感觉和才智为代价的。

——《幸福之路》

把竞争看作生活中的主要事情，这种观点太残酷、太顽固，使人的肌肉太紧张，使人的意志太集中，以至于如果将它当作人生的基础的话，连一二代人都难以延续。

——《幸福之路》

不仅工作受到竞争哲学的毒害，休息也一样深受其害。那种安逸闲适、神经松弛的悠闲生活也令人感到厌烦无聊。

——《幸福之路》

11. 舆论恐惧症

除非人们的生活方式以及对世界的看法在总体上被与他们有社会关系的人，尤其是那些与他们共同生活的人所接受，否则就很少有人会生活得幸福。

——《幸福之路》

在这个社会中，人们被分成各种等级，这些等级在道德观上以及信仰上都存在着深刻的差别。这种状况开始于宗教改革运动，或许有人会说，始于更早一些的文艺复兴运动；自此以后，分化更为显著。

——《幸福之路》

一个具有一定兴趣和信念的人，当他生活于某一社群中时，会发现自己实际上成了一个被拒绝的人；而在另一社群中，则又作为一个完全正常的人而被认同。

——《幸福之路》

一个青年男子或青年女子接受了一些流行的观念，却发现在自己的生活环境中，这些观念是被诅咒的东西。于是这个青年很容易产生这种想法，即把自己熟悉的唯一环境当作整个世界的全部。他们很难相信，在另一个地方的另一个社群中，自己因为害怕被人认作大逆不道而不敢表露出来的观点会被当成普通常识而接受。

——《幸福之路》

由于对世界的无知，人们经历了太多不必要的痛苦，有时只在青年时期，而不少人整个人生都是如此，这种孤立无援不仅是痛苦的源泉，而且也使人在面对敌对环境时，为了保持精神的独立性，消耗浪费了大量的能量。

——《幸福之路》

一个有才华的人，在伦敦、纽约一类的大城市中，一般都能找到一群志趣相投的人，在那里他不必故作虚伪约束自己。不过如果他的工作迫使他生活在一个狭小的圈子里，尤其是这种工作要求他对普通的人表示出尊敬恭顺，比方说，一位医生或律师，他或许就会发现自己整整一生，都不得不在自己天天见面的人跟前隐瞒自己的真正兴趣和信念。

——《幸福之路》

如果要使幸福成为可能，就必须找到某种方法，使舆论的独断专横得以减轻，或得以消除，只有这样，那些有才华的少数人才能相互了解，并从各自的社会交往活动中找到乐趣。

——《幸福之路》

在很多情况下，不必要的怯弱只会使问题更加严重。有的人对舆论不置一顾；有的人则对之恐惧万分，因为对他们来说，舆论总是一种独断专横的东西。

——《幸福之路》

狗在人害怕时而不是对它表示蔑视时，叫得更凶，也更会咬人，人类社会也同样有这种特点。要是你害怕这个社会，你等于给了别人捕获你的机会，而要是你对它不屑一顾，它就会开始怀疑自己的力量，因而倾向于对你放之任之。

——《幸福之路》

对于那些兴趣观点完全不可能得到大众同情的人来说，这种躲避非难指责的办法是毫无用处的。这种缺乏同情的状况使得他们内心不快，并采取一种挑衅的态度，即使表面上他们恭顺服从或尽力避免任何尖锐的冲突。因此，那些和自己的阶层群体的传统习惯不谐调不一致的人，往往显得很刺人，不安宁，缺乏广泛的幽默感。

——《幸福之路》

因此，只要有可能，那些发现自己与周围环境不相适应的年轻人，在选择自己的职业时，应该努力选择一种能给他们寻找志同道合的伙伴提供机会的工作，哪怕这种选择会给自己的收入带来很大的损失。

——《幸福之路》

在如今的心理分析时代，人们很习惯于假定，任何一个年轻人，他之所以与他的周边环境不相谐调，是因为某种程度的心理紊乱。我认为这完全是错误的。

——《幸福之路》

如果一个人处在了合适的职业和合适的环境中，他很可能会摆脱社会的迫害；但是在他还年轻的时候，在他的优点还没有经过考验的时候，他往往处于那些无知者的掌握中。这些无知者自以为能够对那些一无所知的事情作出判断，但是，当他们知道一个乳臭未干的小子竟然比自己这些阅历广泛、经验丰富的人懂得还要多时，不禁怒从心起。

——《幸福之路》

一般说来，人们对除了专家之外的他人的意见太关注了，而且事无巨细都是这样。在不受饥饿、不进监狱这类事上，我们当然应该尊敬公众的意见，但是除此以外，在任何事上都对那种不必要的独断专横意见表示自愿屈从，这就很可能从多方面影响到人的幸福。

——《幸福之路》

我们不必有意去嘲弄舆论，这样将被置身于一种更加混乱的情况之中。但是对它采取真诚的公允的冷淡态度，就会成为幸福的力量和源泉。

——《幸福之路》

舆论恐惧症，像其他形式的恐惧一样，是压抑性的，并对人的成长造成妨碍。如果这种恐惧感仍然很强烈的话，就很难取得任何伟大成就；并且根本不可能取得那种构成真正的幸福的精神自由，因为幸福的本质在于，我们的生活方式是出于自己心底的冲动，而不是出于偶然性的兴致以及那些偶然成为我们的邻居、甚至于亲友的人的愿望。

——《幸福之路》

我认为应该制定出一套比现存的诽谤罪更为严厉的法律来，不管人们如何看待新闻自由的原则，任何使无辜者的生活难以忍受的事情都应该予以禁止；即使他们的言行是偶然作出的，也不允许恶意地宣扬公开而使他们蒙受名誉上的损失。

——《幸福之路》

治　学　篇

1. 科学的治学方法

丢弃种种充满欲望假托的幻想神话，而代之以基于证据的一般法则。

——《科学观》

学习着按着每一种体系来理解宇宙乃是想象力的一种愉悦，并且是教条主义的一副解毒剂。此外，纵使没有一种假说可以完全证实，但是如果发现在使每种假说都能自圆其说并且能符合已知事实时所能包含的东西，这里面也就有着一种真正的知识了。

——《西方哲学史》(上)

只有分析才能有进步。

自从我放弃了康德和黑格尔的哲学以后，我一直是用分析的方法来寻求哲学问题的解决。我仍然坚信，只有分析才能有进步。

——《我的哲学的发展》

分析显然能给人以新知识，而对于原来就有的知识毫无所损。

——《我的哲学的发展》

科学不应当对结果预先作出肯定或否定。

——《宗教与科学》

一个科学家，如果他的研究所得的结果在将来似乎是重要的，决不以“研究之内容是很小的”为可耻。

——《哲学中之科学方法》

我们都晓得权威往往是怎样的靠不住。固然大家不免把大多数的知识凭依权威。我就是凭信权威而相信好望角之存在的。若要我们个个亲身去体验地理上的一切事实，那明明是不可能的。但重要的是，应当有证验的机会，有时且须承认证验的必要。

——《科学观》

那些在权威（原书译：威权）侵犯个人应有的范围的时候，反对权威的人，无论社会上怎样看不起他们，他们总是替社会上做了一番事业。

——《政治理想》

武断臆测甚至比正统观念更不科学。

——《宗教与科学》

任何人种倘没有不计利害的动机，决不会成就我们今日的科学技术。

——《科学观》

学习的进程在于获得习惯。

——《心的分析》

他（指开普勒），尤其是伽利略，具有完全十足的科学方法。现代人虽比他们那时代知道得好多了，但对于方法根本没有什么增益。他们由观察特殊事实进而建立准确的定量的法则，藉此以预见将来的特殊事实。他们深使当世之人震惊，这固然因为他们的结论彻底是动摇着那个时代的诸般信仰，但亦因为平日权威的信奉曾使鸿儒们专限在故纸堆中搜讨，一旦忽有人声言要知世界如何必须实地观察，那是使得教授们痛苦的。

——《科学观》

当一个有智慧的人表现出来一种在我们看来显然是荒谬的观点的时候，我们不应该努力去证明这种观点多少总是真的，而是应该努力去理解它何以竟会看起来似乎是真的。这种运用历史的与心理的想象力的方法，可以立刻开拓我们的思想领域；而同时又能帮助我们认识到，我们自己所为之欢欣鼓舞的许多偏见，对于心灵气质不同的另一个时代，将会显得何等之愚蠢。

——《西方哲学史》（上）

归纳，作为一种研究方法看固属重要，但它做完了它的事业之后，就不再存在了。在完备的科学之最后的阶段，所有的东西，应该都是演绎的。如果归纳仍然存在，它也不过为“一个演绎可以凭之而进行”的一个方法。所以归纳之为介绍而入于逻辑，其最后的结果，并不是创造一个非演绎的推论。

——《哲学中之科学方法》

奇妙的学习不仅能使不愉快的事变得较少不愉快，而且也能使愉快的事变得更愉快。

——《真与爱——罗素散文集》

对于知道正确公式的任何人总是忍耐的仆役：公式之发现维艰，余则非艰。

——《科学观》

所有的哲学问题，经过分析与洗刷之后，不是成了非真正的哲学问题，就是成了逻辑问题。

——《哲学中之科学方法》

2. 独立思考，勇于怀疑

心灵的沉思习惯具有遍及于最浅薄到最高深之处的优点。

——《真与爱——罗素散文集》

习惯的本能，不定的恐怖和法定的利益，是反对接受新思想的武器；而且想起新思想，比教人承认它还难，有许多人终身反思而无什么真正的创见。

——《政治理想》

集体的智慧可惜不足以代替个人的智力。反对公认意见的人都一直是一切进步的起源，无论道德上的进步，还是知识上的进步。

——《真与爱——罗素散文集》

只有大规模的怀疑主义才能够揭开真理的帷幕。

——《真与爱——罗素散文集》

因为一切重要的知识进步，都靠独立思考，不受外界意见的影响，在像尊重上帝的意志那样尊重多数人意志的地方，这种独立是不可能存在的。尊重多数人的意志比尊重上帝的意志更为有害。

——《真与爱——罗素散文集》

我主张的怀疑主义总起来说只是下列三点：

（1）当专家们的意见一致时，与其相反的意见依旧具有不确定性；（2）当专家们的意见不一致时，非专家的人不能认为哪一种意见具有确定性；（3）当所有专家都认为一种肯定的意见缺乏充分的理由时，一般人很可以暂不作出他的判断。

——《真与爱——罗素散文集》

然而比我们想象世间有“强聒不舍”像苏格拉底的人，无论我们设出什么理由，他仍是追问理由的理由。那么我们迟早，或者过不了许多时，必然跑到山穷水尽的地方，再也不能找出别的理由，并且确知别的理由，纵是理论也无可寻找了。

——《哲学问题》

如果我们完全采取怀疑的态度，把自己完全搁在一切知识之外，且由外面的立脚点，设种种的疑问，被逼而回到知识的围子里来，那么，我们就找来什么是不可能的，而怀疑主义也就永远不能反对了。

——《哲学问题》

所谓“错误的思想”，就是思想本身；而所谓“正确的思想”，就像鹦鹉学舌。

——《真与爱——罗素散文集》

精明，如果是纯真的，它更属于我们性格中的无意识部分。我认为，正是这种特质，使我们在事业上取得成功。

——《真与爱——罗素散文集》

如果对一个没有哲学训练的人说，“你怎么知道我有两只眼睛？”他或她就会回答说，“这是一个多么糊涂的问题！我能看见你有两只眼睛。”不要以为，当我们的研究完毕的时候，我们就会得到和这种非哲学的态度完全不同的结果。会发生这样的事：我们会见到，我们原以为都很简单的事却是复杂的结构，我们将会觉得无可怀疑的环境却为不确定的阴影所环绕，我们将会遇到疑问，这种疑问常常是比我们原以为的那样更为正当。并且看来，有理由的前提后来发现是能得出不合理的结论来。

——《我的哲学的发展》

古逻辑置思想于桎梏之中，新逻辑给予思想以翅膀。

——《哲学中之科学方法》

过于专一地想着任何一个问题都是错误的，特别是当我们只能思考而不能付之行动时更是如此。

——《真与爱——罗素散文集》

追求权力的科学虽日益胜利，而追求真理的科学见戮于一种怀疑论，此怀疑论乃科学家们的才能所孳生者。若此情形谓之不幸，诚不可否认，但我决不能承认我们许多科学界领袖之罢黜怀疑论而崇奉迷信为进步。怀疑论也许是苦闷的，也许是无出息的，但至少它是诚实的，且是真理的探求之产儿。或者它是一种暂态，但返于已唾弃的愚蠢时代之信仰仍不能有真正的逃避。

——《科学观》

3. 实　践

世间决没有可能经验的东西，而不靠经验可能认识。

——《哲学问题》

不靠什么推理作用，不凭什么真理知识，单单依仗自己的感官，直接认识一种东西，就是我们所谓“亲”。

本质地来讲，“亲知”比真理的知识较为浅显，逻辑地来讲，“亲知”也不凭依真理的知识而存在，不过我们既假定人类与事物亲识，同时却又说不晓得事物的真理，未免太卤莽一点罢！

——《哲学问题》

只有受过训练的习惯和许多的实习才能使一个人作这种将在科学上增加光辉的观察。

——《心的分析》

文明人类中之智慧，和美术才能一般，有时发展过于有用于个人的程度，至于直觉，似乎是依文明之愈发展而愈减少。……如果有人因为这些事实，而推崇直觉，他们必须回到树林里去乱跑，用蓝靛染身，而以山楂野粟为食料呀。

——《哲学中之科学方法》

直觉是本能之一方面、一阶段，它和别的本能，一样也是在“已经把一个动物之习惯铸炼成就”的经常的环境之中，是最可惊赞的，但是到了“需要一种新式的动作”的变迁的环境之中，它就完全不中用了。

智慧是比直觉较高尚的；不分析的快速的判信，是最不值当“不经批判而容纳”的。

——《哲学中之科学方法》

梦中每个感触到的物，和醒时每个感触的物是一样真实的。反而言之，醒时所有的物，不能比梦中感触的物，更有彻骨的实在。

在我们建筑之初，梦与醒的生命，须受同等的待遇。梦何以能受判决为不真呢？一定有一个不全由感触而得来的真实去作审判官。

——《哲学中之科学方法》

想从观察过的东西推论出未观察过的东西，这只有借助于已观察过的东西和未观察过的东西之间的某种既知关系才能办到；但是未观察过的东西，就其定义说，是不能凭经验知道的，因之，它与已观察过的东西的关系，如果要知道的话，就必须离开经验的证据来知道。

——《逻辑是哲学的本质》，转引自《西方现代资产阶级哲学论著选辑》

这种实验的精神正是现代与以往一切时代不同之特征，且由于这种精神所以人类支配环境的能力近一百五十年来较之过去数千载文明有不可测量之增长。

——《科学观》

只有在原来视觉材料可信的条件下，才有理由相信以它为基础推论出来的那座高大的宇宙大厦。

——《人类的知识——其范围与限度》

4. 求　知

知识之重要不仅在直接的实际的效用，而又在于增进精神上沉思广虑的习惯。

——《赞闲》

一个国家里如果有许多人不识字，就不可能有现代式的民主。

——《社会改造原理》

我们没有闲心去学习别的知识，除非我们认为是重要的、有益于我们而值得为之奋斗的知识。

也许“无用的”知识最重要的优点是它能提高心灵的沉思的习惯。

——《真与爱——罗素散文集》

最为人们普遍欲求的事情就是权力和称赞。一般来说，无知的人只能靠着粗暴的方式来达到这两者，其中包括通过体力上的征服。文化教养给人提供的是很少有害的权力形式和较多值得使自己受到称赞的方式。

——《真与爱——罗素散文集》

哲学理论，如果它们是重要的，通常总可以在其原来叙述形式被驳斥之后又以新的形式复活。反驳很少能是最后不易的；在大多数情况下，它们只是更进一步精练化的一幕序曲而已。

——《西方哲学史》（上）

数学是一门演绎的科学：从某些前提出发，通过一个严格的演绎过程，达到许多定理，这些就构成数学。诚然，在过去，数学的推演往往不严格，不过也确实是，完全的严格几乎是不可达到的理想。虽然如此，在一个数学证明中，只要缺少严格性，这个证明就是有缺陷的；说常识表明结果是正确的这句话不足以辩护，因为如果我们要信赖常识，那么最好完全免去证明，何必以谬误的论证来辅助常识。在数学中，在前提给出以后，除了严格的演绎逻辑以外，不应当诉之于常识或者“直观”或者其他东西。

——《数理哲学导论》

5. 探寻真理

真理——往代之真理乃绝对的、永久的、超人的。予之自身在少时即抱如是见解而枉费光阴以致力于真理之寻求者也。

——《赞闲》

多数专制是件很真确的危险。若以为大多数人的思想，总是对的，那就错了。在新问题发生的时候，大多数的人，起初总是错的。……凡研究以往历史的人，总可看出：当新问题发生的时候，大多数人，因为受成见和习惯的引导，总是走入错路。进步须藉着少数人渐渐改易意见非变更风俗的力量，才得成功。……所以大多数人，应当抑制自己的意志，不能妄加在一致行动于那并非绝对必要的事件上，这是极端重要的。

——《政治理想》

清晨甚微的熹晖，已经足以熄灭群星之光。

——《哲学中之科学方法》

我们的真理说，必要容许他的反对——伪。

——《哲学问题》

我们由是将可以知道心并不创造真或伪。它创造信心，一旦信心创造成功，心就不能使他真或伪，……凡造成一件真的信心是一种真实，而这种事实并不与那有这种信心的人之心有什么牵涉。

——《哲学问题》

从真与伪对立的意义上说，如果没有信心，就没有伪，也没有真，……譬如我们想象一个只有物质的世界，那么在这个世界中，虽然他乘载那所谓“事实”，但却没有伪的立足地了；从真是伪的同类的东西之意义说，这个世界也不包涵任何的真。真和伪其实都是信心和陈述的固有性：所以仅有物质的世界，既没有信心或陈述，那就也没有真或伪了。

——《哲学问题》

在知识上，是没有二元的，然而在真理的知识上，却就有二元了。我们既可以相信他是真，也可以相信他是伪。有许多问题，各人对他简直是“一人一义，十人十义，百人百义”，故有些信心，必然是错谬的。

——《哲学问题》

在实际的世界上似乎没法怀疑特殊的东西对于所有其他的特殊东西有完全相同的时空关系。然而这似乎是我们适巧生存的世界上的一个偶然事实。用莱布尼茨的话说，纯粹逻辑和纯粹数学目的在求真，在一切可能的世界里求真，而不仅是在这个颠倒错乱、我们偶然禁闭于其中的世界里求真。

——《真与爱——罗素散文集》

若要想得着完全真理，不是有死的人所能的，然若一步步连着向前进行，却也未尝不可。

——《政治理想》

新的真理往往使人感到不舒服，尤其对当权者来说更是如此，然而在充满残酷和偏执的漫长的历史记载中，它是我们聪慧而刚愎的人类的最重要的成就。

——《宗教与科学》

自然和自然律在黑夜中隐藏。上帝说："让牛顿降生"，结果一切都豁然开朗。好景不长。魔鬼喊了一声，"嘿！让爱因斯坦降生"，于是又恢复了原来的情况。这种摇摆不定是科学历史的主要特征。

——《人类的知识——其范围与限度》

6. 人类的认识机制不是万能的

由于最初人们不可能知道一个新的学说是否正确，因此，在提出新真理的自由中必然包含着相等的犯错误的自由。

——《宗教与科学》

人类是不能没有错的，所以犯着错误的危险，也有必要承认。哲学的本务，正在于减缩错误的危险，有时他把危险缩至很小，使事实上都不及注意。

——《哲学问题》

从科学观点看来，我们不可能把禁食因而看见天国的那种人与豪饮因而看见蛇的那种人加以区别。这两种人都是处于一种反常的生理状态，因而他们的知觉也是反常的。正常的知觉因为在生活斗争中必须是有效的，所以与事实必然有某种相符之处；但是，在正常的知觉里肯定不会有这种相符之处，因此它们的证词不可能比正常知觉的证词有价值。

——《宗教与科学》

有许多事情，并没有足以使人相信的很好的理由，但是我们大家都信以为真，这是因为在下意识里，我们的本性渴望着某种行动，而这种行动就产生于这些信仰，使本来不合理的事情看成为合理。

——《社会改造原理》

通晓细节就难以看清大体上的模样；从飞机上勾画古罗马道路的草图要比在地面上容易。一个人的朋友比他本人更了解他可能要做什么事情；在交谈中改变话题时，他的朋友们从他所津津乐道的某个轶事中预见到那可怕的必然要发生的事情，而在他本人看来，他是本着一种毫无规律的、自发的冲动行事的。从直接经验中得到的那种详尽的认识，并不是科学所寻求的那种概括性知识的最方便的来源。

——《宗教与科学》

主观的确定性与客观的确定性成反比例，这是奇特的事实。一个人若自以为他是对的，理由越少，就越发激烈地强执他是准准确确对的，毫无容疑。

——《科学观》

一切思想一直到某种限度为止是模糊的，而完全的精确是一种理论上的理想，在施行上是不能达到的。

——《心的分析》

正确与模糊，在思想中和在知觉中一样，是以对多少相似的刺激的反应差异的程度为转移。

——《心的分析》

逻辑是数学的少年时代，数学是逻辑的成人时代。

——《数理哲学导论》

关于世界上事物的总数是有穷的抑或无穷的这一点，我们没有先验的、普遍并且必然的知识。这个结论适合熟知的莱布尼茨的话：有的可能的世界是有穷的，有的是无穷的，我们无法知道我们的现实世界究竟是属于哪一种。因此无穷公理在有些可能的世界中是假的；在这个世界里究竟它是真还是假，我们不能断定。

——《数理哲学导论》

一切具有专门才智的人物无不更具违反社会利益之偏见；金融事业之罹其荼毒；与军事之受其损害同例。凡裁军会议之举行也，海陆军专家实为其成功之主要障碍。非此辈之奸谲成性也，由于其惯常成见之阻力，使对于军备问题不能有适度之观察耳。

——《赞闲》

7. 科学之戡天力

科学知识的目的在于去掉一切个人的因素，说出人类集体智慧的发现。

——《人类的知识——其范围与限度》

人们将得到改变自身之权力，且不可避免地将使用此权力。

——《科学观》

科学之肇始乃因有爱慕世界的人，他们领悟星月江海之美、风云山岳之美。因既爱之，故集思以注意之，且不满于单纯外表的静观默察而想要达到更亲切的了解。

——《科学观》

顾名思义，科学本来就是知识，它这种知识常在追求一般的法则，以联络诸多特殊的事实。但是科学之知识方面逐渐被抛在幕后，而由科学之戡天力（即操纵自然之能力）方面篡夺其位。因为科学给予人类以戡天之力，所以它比艺术更具有社会的重要性。科学当作追求真理的呢，是和艺术平等，但未必胜于艺术。科学当作技术的呢，虽少内在的价值，却富有实践的重要性，为艺术所万不能企望。

——《科学观》

对于想要改变环境的人，科学贡献惊人的有力的工具给他。如其知识是产生有意的变革力量，那么科学就供给丰富的知识。

——《科学观》

哥白尼学说本来应当有伤人类自尊心，但是实际上却产生了相反的效果，因为科学的辉煌胜利使人的自尊心复活了。濒死的古代世界像是罪孽感邪祟缠体，把罪孽感这种苦闷又遗赠给了中世纪。在神前谦卑，既正当又聪明，因为神总是要惩罚骄傲的。疫疠、洪水、地震、土耳其人、鞑靼人和彗星，把若干个阴郁的世纪闹得狼狈无措，人感觉只有谦卑再谦卑才会避开这些现实的或将临的灾祸。但是当人们高奏凯歌：

自然和自然律隐没在黑暗中。

神说“要有牛顿”，万物俱成光明。这时候要保持谦卑也不可能了。

——《西方哲学史》（下）

我们要求一种新的道德观，其中对于自然力的服从是被代之以对于人类至善的景仰。只要这种景仰存在，则科学既从自然的羁缚中解救出人类，当能进而从人类自己奴性部分的羁缚中解救他出来。

——《科学观》

科学陆续赐给了我们控制无生界的力量，控制动植物的力量，以及最后控制人类的力量。每种力量都包藏它本身的危险，但在控制人类的力量中所包藏的危险恐怕是最大了。

——《科学观》

科学，只要它愿意，就能够给我们后代子孙以知识、自我控制和产生融洽而不是造成冲突的性格，从而使他们过高尚的生活。

——《真与爱——罗素散文集》

现代科学技术的社会效果，在实际上各方向是要求组织之容量与强度二者并增。所谓组织上之强度是指一个人视其附属于社会单位为转移的行动之多少。

——《科学观》

科学使人类社会的新形式成为可能，甚至成为必然。科学已经很深入地变革了经济组织的形式和政府的机能，科学正开始变革家庭的生活，而在不远的将来势必大有可观。

——《科学观》

如果不要太迫切地追究科学家所说的到底是什么，那么，他就好像供给了愈益庄严、巍峨的知识大厦。

——《科学观》

科学的思想根本是力的思想——领有这样思想的人，有意识地或无意识地，总获得力量的供给。而力就是一种因果概念，要对于某件原料获得控制的力，只要了解支配这种原料的因果法则。这根本是抽象的事体，我们的观察范围愈省掉不适当的细目，我们的思想便愈加有力。

——《科学观》

科学的态度对于人类可说是颇不自然的；我们的意见大多数是欲望的满足，正如弗洛伊德学说中所谓梦想。我们之中最为理性的头脑，好比是在欲望为基底的感情成见之狂浪大洋上濒危地漂浮着几叶小舟，运载着科学证验的信仰的货色。

——《科学观》

动物虽曾为初民之险恶仇敌，但对于开化以来的人类则始终是好朋友。可是，如今人类已踏上了成年之路，昔日动物对于人类所演的任务即告终了，它们的将来大概会限于动物园罢。此诚不免令人慨叹，但此乃沉醉于科学的权力之人类新残酷性之一部分表现。

——《科学观》

8. 科学的特质

当科学成为一件历史悠久的事时，它也会像宗教一样制约我们的人生。我预见到，那些关心人类精神自由的人将会反对科学的专制，不过，既然总要有专制，那还是由科学来专制的好。

——《婚姻革命》

科学有权力，权力所至，可善可恶，但科学本身不能定夺去从取舍。

——《科学观》

在商店里有一句格言："顾客总是对的。"但是学者们比店主更傲慢：如果消费者不喜欢出售给他的东西，那是因为他是一个庸人，而且因为他不知道什么对他是有益的。

——《历史作为一种艺术》，转引自《现代西方历史哲学译文集》

科学信仰之衰颓将引起前科学的迷信之死灰复燃。

——《科学观》

9. 哲学与人生

未受哲学色彩所洗礼的人，终身也不过困在成见里头，这种成见是由普通常识，或由他那时代或国家的习惯信仰，和由不经思考的承认或协助，遂死信不疑而来。所以这种人以为世界是固定的、有穷的、显然的、寻常的东西，既不能引起他的疑问，而不习见的可能性，遂也为他们所排斥了。

——《哲学问题》

所以哲学一方面虽减少我们确定万物是什么的感知，他方却增加我们对于万物可以是什么的知识，又可以使从来未有过解放的怀疑领域的人，排除那骄傲的独断主义，并且指示习见的东西，仿佛在一个不习见的观点之中，以保持我们好奇的感性。

——《哲学问题》

凡习惯于自由的、“不阿”的哲学潜思之心灵，就在行为与情绪上，也保存这些同样的自由和“不阿”。他将视他的目的和欲望，是全体的部分，去了解那种看一个人的行事，对于世界上无穷片段，不生影响的固见。“不阿”在潜思上，是追求真理的纯正欲望，在行为上，为心的同样性质，是公正，在情绪上，是博爱，对于宇宙万物，等量齐观，不管有用无用，可羡可鄙，妄生分别相。于是乎潜思不仅仅是扩大我们思想的对象，并且是扩大我们行为和情感的东西：使我们做宇宙的人民，不只是与各处打仗的城市之人民。人类的真正自由，和解脱褊狭的希望和恐怖之羁绊，就在乎这个做宇宙的人民。

——《哲学问题》

哲学除了它指示意外的可能性之功用，还有一种价值，就是他所潜思的对象之伟大，结果，便解脱了褊狭的和个人的目的。本能的人之生活，是封闭在他个人利益的圈子里头；家庭和朋友可以包括在内，但那外界，除非是帮助和阻碍那本能的欲望，不然就置之不理了。这种生活是热衷的固蔽的，比较起来，哲学的生活是幽静的、自由的。本能利益的私世界是一个小的世界，搁在一个大而有力的世界中间，迟早必把我们私人的世界，磨成粉碎。

——《哲学问题》

教导人们在不能确定时怎样生活下去而又不致为犹疑所困扰，也许这就是哲学在我们时代仍然能为学哲学的人所做出的主要事情了。

——《西方哲学史》（上）

哲学家是他们的时代的社会环境和政治制度的结果，他们（如果幸运的话）也可能是塑造后来时代的政治制度信仰的原因。

——《西方哲学史》（上）

当我们把哲学的实际的沾染洗刷净尽之时，它可以帮助我们去了解世界之普通观念，与熟悉的而复杂的物体之分析。

一个真正科学的哲学，不能希望摆在不愿意去了解它的人之前而不生智慧的迷惑。它在它自己区域之中，可以贡献一种和别的科学所贡献的一样圆满的结果。但是它不预备贡献人类目的之问题之解决，或宇宙目的之问题之解决。

——《哲学中之科学方法》

我们很容易知道快乐往往不是直接寻快乐的人所可多得的；善似乎也是如此。无论如何，在思想中，凡忘却善恶而仅求明晓事实的人往往比用为欲望所桎梏的眼光去观察世界的人，较易得良好的结果。

——《哲学中之科学方法》

我们要变成一个科学的哲学家，须有一定的奇异的心理训练：第一，我们必须有“要知道哲学的真实”之欲望，而且这个欲望必须如此地坚强，虽在连年研究似乎已经绝望之时，此欲望尚能存在。第二，“要知道洁净的哲学的真实之欲望”又往往为系统之爱悦所蒙蔽。若有一个很小的事实，不入一个哲学家系统之范围；他必定把它附会穿凿，一直到它入了范围，方才罢休。但是那个小事实，或者对于将来，比和此小事实不相符合的系统，还更重要。

——《哲学中之科学方法》

如果哲学和经验科学脱节，哲学是不会产生丰盛的果实的。我这话的意思仅是说哲学家应该“拾起”一种科学来当假期里的一件事来做，我的意思更要深刻得多：哲学家的想象应该充满了科学的眼光。他应该感觉到科学已经给了我们一个新的世界、一些新的概念、新的方法，这些新的东西是从前人所不知道的，而由经验已经证明是有效的。在旧概念旧方法无能为力的地方，这些新概念、新方法由经验证明是果实累累的。

——《我的哲学的发展》

10. 语　言

语言有表达和传达两种功用。

——《人类的知识——其范围与限度》

语言正和吃饭、走路一样，是由可以感觉的现象所组成。如果我们不能有所知，我们就不能知道别人说什么，我们甚至不知道我们自己说什么。语言正与别的行为一样，是来自一些有用的习惯，毫没有通常所以为的那种不可思议。

——《我的哲学的发展》

言语上的表达，其重要是由于其能表达，是由于比体现这个相信的任何非言语的状态更能表达得精确。

——《我的哲学的发展》

一个字的意义不是绝对确定的：常有一种或大或小的程度上的模糊。意义是一种面积，像一个靶子可以有一个靶心。当语言发展得愈正确，靶心外的靶子便愈少，而靶心自身也变得愈小；但靶心永远不会缩减成一点，常有一个可疑的地段——无论怎样小——围绕着它。

——《心的分析》

语言，这个我们借以表达科学知识的唯一工具，在其起源及主要功用方面，基本上是社会性的。

——《人类的知识——其范围与限度》

赞美的词句和反对的词句都是具有色彩而且很有趣味的。读者会为诅咒或赞美的字眼所左右，而作者则可以随心所欲地通过一些语言技巧支配读者的情绪。然而，我们都希望我们有理智，因此我们必须使用那些灰色的中立词，但是这类语言未免太枯燥乏味了。假如我们将情感从我们的著作中完全排除，我们就无法表现出我们所讨论的问题的本质。

——《婚姻革命》

11. 时间观

欲求了解现在之时代者必须溯及悠远之往代。

——《赞闲》

论到时间，我们“久”的，或时间度过的感觉，绝对不能做计时的标准。同此时间，因忖度的不同，而久暂有异，譬如病榻呻吟，无所事事有度日如年之慨，及至春日闲游，心旷神怡，一日光阴，不觉易暮，若失沉然酣睡，就几乎不知时间的存在了。时间既由“久”而成，所以必要如在空间一样，分别公私。

——《哲学问题》

我们必须承认过去与将来，和现在是一样的实在；脱离一些时间之羁轭，乃是哲学思想之要诀。时间之重要，是实际的较多而理论的较少，与我们欲望有关的多而与真实有关的少。我想：当我们在脑中绘一个宇宙图之时，若是“以事物为从一个外边的永久世界，进入时间河流之中”比较“以时间为浩荡的洪流，把所有的宇宙包吞下去”可得一个较真的影像。

——《哲学中之科学方法》

在思想或在感情之中，认明时间之非重要，乃是智慧之大门。

——《哲学中之科学方法》

在历史的时间内，所有我现在的记忆都是属于现在的，但是就它们的可靠性来说，它们都表示在历史的过去发生过的事情。

——《人类的知识——其范围与限度》

在主观的时间中，记忆是在过去；在客观的时间中，记忆是在现在。

——《人类的知识——其范围与限度》

12. 宇宙观

我们从这个天文学的宇宙概观所得到的最重要的结论是：虽然宇宙确实很广大很悠久，我们却有理由——尽管这些理由现在看来还带有很大的臆测性——相信宇宙既不是无限广大，也不是无限悠久。

——《人类的知识——其范围与限度》

我最根本的理智上的信仰则视此种见解（世界是整一的）若敝屣。我以为世界是充满斑点和裂罅，没有整一，没有连续，没有和谐或秩序，也没有一切其他吻合条理的固有性。实在的，撇开成见和习惯，简直不能说有个世界。

——《科学观》

如果决定论这个学说要断言能被迹象表明有可能发生，或者不可能发生的任何事件，那么，在阐述这种事情时就必须联系我们的能力。否则，我们就要冒遭到与《失乐园》里的魔鬼同样命运的危险，他们

在蜿蜒曲折的迷途中，
用天命、先知、意志和命运，
注定的命运、自由意志、绝对的先知
来推断道路，
结果是徒然。

——《宗教与科学》

如果我们所陈述的这些假定是对的，客观的复本必形成一个世界，有与现象界相同的结构，并且凡可以用抽象的概念陈述出来，又已知对于各种现象为真的命题，客观的复本允许我们从现象推论出它们的真实性。

——《数理哲学导论》

我们也不能认为个人的思维在肉体死亡以后还能继续存在，因为肉体的死亡破坏了大脑组织，也驱散了利用大脑思维的能量。

——《真与爱——罗素散文集》

思想·信念·人格篇

1. 思　想

精神对于思想的愤世嫉俗主义是一种解毒剂；它使从本能发生的感情普遍化，感情既成为普遍化，对于思想的批评就无动于衷了。当思想受到精神的教训时，它就失去了残酷的与破坏的性质；它不再促进本能的死亡，只是使它从固执与无情中净化起来，并且使它从意外情况的监狱中解救出来。

本能给人以力量，思想给人以指导力量来达到所需要的目标的手段，精神指点出一种力量的非个人的运用，即思想所不能用批评来使它丧失信用的那种力量。

——《社会改造原理》

人怕思想好像世界上没有比它更可怕的东西了——比毁坏更可怕，甚至于比死还可怕。思想是颠覆性的和革命的，破坏的和可怕的，思想对于权益，对于已建立的制度和舒适的习惯是毫不留情的；思想是无政府和无纪律的，对于权力不关心，对于历代以来久经考验的智慧也不放在心上。思想看到地狱的深处而可怕。它看到人像一件软弱的微小东西被包围在深不可测的寂静之中；但是它仍然举止骄傲，不为所动，好像它是宇宙的主宰一样。思想是伟大的，迅速和自由的，是世界的光，是人类主要的光荣。

——《社会改造原理》

思想的力量，它所能掌握的广大区域，而更多的广大区域现在还只能模糊地引起想象，这一切给那些思想已经越过日常事务的人一种丰富得惊人的材料，使他们从熟悉的日常事务的琐屑和厌倦中逃避出来，这样一来，整个生活充满了兴趣，也打破了庸俗的监狱的墙。

——《社会改造原理》

如果要使思想为许多人所有，而不是少数人的特权，我们一定怀着恐惧去做。恐惧使人倒退——害怕他们所抱的信仰会被证明是误信，害怕他们所赖以生活的制度会被证明是有害的，害怕他们自己会被证明不应该像他们一向所想象的那样受人尊敬。“工人应该自由地想到财产吗？那么我们富人将变成什么样？道德将变成什么样？士兵应该自由地想到战争吗？那么军队纪律将变成什么样？滚开吧，思想！回到成见的荫庇之下去，否则财产、道德和战争都将受到危害！人，与其让他们思想自由，还不如让他们愚蠢、懒惰和沉闷。”

——《社会改造原理》

我心中正有一件事情发生，除非我表示出来，让人知道我正在想象的是什么，别人是无法知道的。

愉快和不愉快也是如此。一个人可以表面上有愉快的表示，可是他很可以把愉快藏而不露，例如，如果他听见他所恨的，但是假装爱的一个人有了不幸的事情发生，他很可能这样做。

——《我的哲学的发展》

2. 理　想

理想并非以自我为中心而被愿望着的东西，从而愿望着它的人也希望所有别的人都能愿望着它。

——《西方哲学史》（上）

大多数的理想家都是两种典型的混合物，那两种典型，即一为梦想家，一为操纵家。纯粹梦想家是个癫狂者，纯粹操纵家是只谋个人权力的，而理想家则为此两极端之居间人物。有时偏重梦想家，有时偏重操纵家。……操纵家觉得力强气壮足以造成他的理想世界，而梦想家则觉着挫折，隐避于象牙之塔中。唯有操纵型的理想家能创造科学的社会。在现代，列宁便是这种人物的模范。操纵的理想家与单纯的个人野心家不同，因为他所欲求的东西不是只为他个人，而是为社会设想。

——《科学观》

各人在他自身本有理想，发展成为好的或坏的：他也可以成为最好的，也可以成为最坏的。他的境遇，决定他向好的能力是已经发展，或已被压制；或者决定他的坏冲动是已经强盛，或已渐渐地被转向那较好的方向。

——《政治理想》

世界不是由个别人——不管是多么伟大和多么雄辩——的行动所能挽救的。只有当世界上最强大的国家统治者们开始意识到他们正在追求着一团鬼火，这团鬼火只是把他们诱向一个无益的仇恨的泥坑而使他们可耻地灭亡，只有这时，世界才可能挽救。……希望人类不但有一个过去而且能有一个未来，抱这样的希望为时还不太晚。我相信，如果人们十分强烈地抱有这一希望并给予它一种动力，那么对历史的认识将成为最伟大的力量之一，这种力量的有益的吸引力必定会被人们感觉到。

——《历史作为一种艺术》，转引自《现代西方历史哲学译文集》

3. 信　念

当你抱有一种想法同时并不相信它的时候，相信它的那种冲动不是没有而是受到了抑制。信念并不是什么加在先前只是被人抱有的想法上面的东西，而是在人们想到而不接受它的时候凭着努力才从想法中减掉的东西。

——《人类的知识——其范围与限度》

我的信念当中每一个信念都可能由于与其他信念联系起来看而得到加强或减弱。

——《人类的知识——其范围与限度》

一个真的与伪的信念之间的区别正像一位太太与一位老处女的区别一样：真的信念有着与它有一定关系的一件事实，但是伪的信念就没有这样的事实。

——《人类的知识——其范围与限度》

真的信念指着事实，而伪的信念离开事实。在一种真的命题的场所，指着客体的方向，而在一种伪的命题的场所，离开客体的方向。

——《心的分析》

全部智能的生活系由信念组成，由所谓“推理”的东西从一种信念过渡到另一种信念组成。信念给予知识和错误，它们是真理和虚伪的机关。心理学、知识论和玄学是对信念沉思默想的，我们的哲学大纲大半依赖我们对信念所采取的意见。

言语是以意义为特征，而信念则以真理或虚伪为特征。

——《心的分析》

人们应当注意，模糊的信念绝不是一定虚伪，它对于真实比较正确的信念具有一种较好的机会，虽则它们的真实比正确的信念的真实较少价值，因为它们对于在重要方法中可以发生差异的事件是不加分别的。

——《心的分析》

所谓自欺的东西是起于欲望对信念的作用。

——《心的分析》

欲望蒙蔽人的力量甚至可以使非常精明的人看不见在别的情况下可以一目了然的谬误。如果我们并不害怕死亡，我相信永生的思想便绝不会产生。

——《真与爱——罗素散文集》

我们通常的信心，几乎都是根据别种可以算做理由的信心，推论出，或者能够推论出来；不过我们大多把理由忘记掉，或未尝把它清楚地呈现在心里罢了。譬如，我们平常很少反问一句，究竟有什么理由，假定正在吃着的东西，结果不变为毒物。纵使当时找不出理由，但总是觉得有一种很好的理由可找。这种信心，通常是不会错的。

——《哲学问题》

不管意象的证据——无论是普通的或特别的——仅为内省的这种事实怎样，我不能承认意象是应当受排斥的，或者我们在自己关于时代或距离辽远的事件的知识中，应当减少他们的效能。

——《心的分析》

怀疑主义是懒人的一种安慰，因为它证明了愚昧无知的人和有名的学者是一样的有智慧。对于那些气质上要求着一种福音的人来说，它可能似乎不能令人满意的；但是正像希腊化时期的每一种学说一样，它本身就成为了一副解忧剂而受人欢迎。为什么要忧虑未来呢？未来完全是无需捉摸的。你不妨享受目前，“未来的一切都还无从把握”。因为这些原因，怀疑主义在一般人中就享有了相当的成功。

——《西方哲学史》（上）

4. 意　志

意志，作为一种主导力量，主要在于顺着愿望，追求较远的目标，即使涉及的行动要引起痛苦，并且要受到不合适的但较近的愿望与冲动的诱惑。

——《社会改造原理》

认为意志往往是无原因的这种理论是很难站得住脚的。那些最有德性的行为总不能说是无动机的吧。一个人也许希望取悦上帝，希望赢得他的邻居的赞同或安慰自己，希望看到别人的幸福，或减轻别人的痛苦，等等。这些欲望中任何一个都可以引起善良的行为，一个人除非怀有某种善良的欲望，否则他就不可能做出道德律所赞许的事情。

——《宗教与科学》

从经验方面看来，我们有许多意志，都是有因的，但是我们不能因此而断定：所有的意志都是有因的。

——《哲学中之科学方法》

意志自由之问题，曾经在许多时候鼓动了人类之甚深的情感，而且意志不能自由之恐惧，即为许多人的大不愉快之根源。

——《哲学中之科学方法》

习惯和思想都是记忆的因果作用的发展。记忆的因果作用是来自神经组织中通常的物理学的因果作用。

——《心的分析》

没有可喜的意志自由，可凭借于无知；因为：倘若是如此，则禽兽较人更自由，野蛮人较文明人更自由了。有价值的自由意志，必定要和知识相循而不悖的，即不假定因果律之存在，完全的知识，是包含过去和未来的。

——《哲学中之科学方法》

如此设想的预测，不能创造将来，一如我们的记忆，不能创造过去。

简而言之，有价值的自由，只要求我们的意志是由于我们的欲望而生，不是从一个强迫我们所不愿意的外力而生。

——《哲学中之科学方法》

5. 理　性

非理性的每一次喧闹，其结果都是增强理性的朋友的力量，并重新表明只有他们才是人类真正的朋友。

——《真与爱——罗素散文集》

如果人是有理性的，那他就会以比现在能做得更正确的观点对待他们自身的利害关系；如果所有的人都能根据开明的利己主义来行动，那么这个世界同今日之现状比较起来，就会是一座天堂。我并不认为没有比利己主义更好的目的，可以拿来作为人们行动的动机；但我认为利己主义和利他主义一样，一旦开了窍，其美无比。在一个有秩序的社会里，很难找到对别人有害而对自己有利的事情。

——《真与爱——罗素散文集》

我相信今日世界上一切实实在在的进步，包括实践上和理论上，都是由于理性的增长。

——《真与爱——罗素散文集》

在现代生活中，三种主要的理性之外的活动是宗教、战争和爱；所有这些都在理性之外，但爱却不是反理性的。一个有理性的人可以合乎理性地享有爱的存在。

——《真与爱——罗素散文集》

“无理性”代表偏私热情又使斗争无从避免也。因此之故，理性动作，其意义在于信赖普及而公平之真理标准者，对于人类幸福实具无上之重要性；是不独在理性易于通行之时期为然，即在不幸之时代，对理性加以轻蔑排斥，视为懦夫因缺乏铲除障碍勇气而构成之幻梦者，亦莫不然，且尤加甚焉。

——《赞闲》

质而言之，理性和本能之区别，其大端都是虚诞的。本能、直觉、眼光，都是信从之最先引导，理性是续后的证明或反证。……理性宁可说是一个谐和的管理力量，不可说是创造的力量。

——《哲学中之科学方法》

予意，吾人所谓理性在实践上之意义，可释以三大特征。其一，宁恃劝导，不恃强力；其二，企图以理性为劝导之具，而其理论为用之者所切信全然真实之理论；其三，其构成见解也，用尽量之观察与归纳，而用极少之直觉。

——《赞闲》

6. 人　格

双重人格经由心不在焉、催眠状态和梦游，达到其极度状态，有一个规则的等级。这使人们把记忆当作人格的定义产生了困难。但忘却的记忆似乎可以通过催眠术，或在精神分析过程中重新出现；因而，这个困难也许不是不能克服的。

——《宗教与科学》

假如我们要相信肉体死后人格仍然存在，我们必须假定记忆，或至少是习惯，继续存在，因为否则就没有理由认为这同一个人继续存在着。

——《宗教与科学》

成年男女的性格并不是一个数学上固定的已知数，人的性格具有极大的可塑性，它是环境、教育和机遇影响的结果。

——《自由之路》

7. 人性的弱点

人类举镜自鉴，认为自己的形象如此卓越，可以证明宇宙的目的必然始终是以人为目标，这种情形不是有点荒唐吗？总之，为什么要如此颂扬人类呢？狮子和老虎怎么样？它们毁灭动物和人的生命比我们少，而且长得也比我们漂亮得多。蚂蚁怎么样？它们对“国家”的管理比任何一个法西斯分子都强得多。难道夜莺、云雀和鹿的世界不比我们这个充满了残忍、不公道和战争的人类世界更好吗？宇宙目的的信奉者赞誉我们那种被假定的智力，但他们的作品却使人对此产生怀疑。

——《宗教与科学》

过去的人们在空间上是狭隘的，但现代秉权的人们在时间上是狭隘的。他们对过去则表示一种过去所不当受的轻藐，而对现代则表示一种现代所更不当受的尊重。

——《科学观》

在许多胆怯的有地位的人身上都蕴藏着一种犯罪心理，希望轰轰烈烈地犯罪；他们想统治他人，他们有一种毁灭其他人的冲动。

——《郊区的恶魔》

神学家们宁可侵犯人类的本性，这种做法一旦得逞，就意味着不幸、妒忌、迫害的倾向，还常常包含疯狂。

——《真与爱——罗素散文集》

对付妒忌只有使妒忌者生活得更幸福、更充实，只有在他们年轻时就鼓励他们有集体事业心而不是竞争的思想，舍此而外更无他法。

同一党派中的两个政客或同一学派的两个艺术家，几乎肯定是相互妒忌的。在这种情况下，看来只好尽可能作出安排，使竞争者一方无法伤害对方，只能凭借更卓著的功绩取得胜利。

在难免产生妒忌的地方，必须用它去刺激自己的努力，而不是阻挠对方的努力。

——《真与爱——罗素散文集》

普通男女都有一定程度的积极恶意，有的是专门针对特定敌手的敌意，也有的是不针对个人的一般性幸灾乐祸。这种恶意习惯上都用娓娓动听的言辞遮饰着，而因袭的道德就有一半是掩护恶意的斗篷。

这种积极的恶意是人性中最狰狞的特点，也是迫切需要改造的特点，如果世界变得幸福一点的话，也许这一种原因引起战争的可能性，就比所有政治和经济原因加起来还要大。

——《真与爱——罗素散文集》

8. 金钱崇拜

它是一种信仰，认为一切价值都要用金钱来衡量，金钱是人生成功与否的最后考验。这和人的本性并不一致，因为它忽视了生命的需要，也忽视了对于某些特殊的生长的本能的倾向。它使人认为和取得金钱相反的愿望是不重要的，而这些愿望，一般说来，对于人的幸福比较收入的增加，更为重要。它从一种错误的关于成功的理论，引导人残害了自己的本性，并且使人羡慕对于人类幸福毫无补益的事业。它促使人们的品格和目标趋于完全一致，降低了人生的愉快，增加了紧张与繁重的感觉，使整个社会变得厌倦、消极和缺乏幻想。

——《社会改造原理》

由于惧怕失掉金钱所发生的远虑与烦闷，使人把获得幸福的能力消耗掉，而且恐遭受不幸的惧怕，比起所惧怕的不幸来，还更为不幸。

——《社会改造原理》

不论男女，最快乐的人是对于金钱不关心的人，因为他们有某些积极的目标，把金钱驱出门外。

——《社会改造原理》

人类对于黄金之迷信极为根深蒂固，不唯受其利者为然，即受其害者亦莫不然。

——《赞闲》

凡人自幼惯读霍桑氏《村莽异闻》一书者，盖莫不熟于迈达斯王与“点金术”之故事。王负杰出才，酷嗜黄金，有神赐以特权使能点物成金。王初则大乐，继见食未下咽，已变坚金，乃渐懊恼；逮爱女经其一吻，立时僵硬如石，遂惊骇失措，转而乞神收回恩宠。自兹以后王乃晓然于黄金并非唯一贵重之物矣。

——《赞闲》

9. 善恶观

随着人类智力的发展，人们迟早非得吃那知善恶之果不可的。

——《真与爱——罗素散文集》

说得严重点，今天被社会上普遍承认的“善”的标准，不是那种适合于使这个世界成为一种比较幸福之地的标准。

——《真与爱——罗素散文集》

不管我们给“善”下什么样的定义，不管我们认为它是主观的还是客观的，那些不希望人类幸福的人不会努力去促进人类的幸福，而那些确实希望人类幸福的人却会竭尽全力去实现它。

——《宗教与科学》

10. 努力与放弃

必须保持中庸之道的原因之一，乃是考虑到保持努力与放弃的平衡的需要。两者都有极端的提倡者。提倡放弃说的是一些圣徒和神秘之义者；提倡努力说的是效率专家和强壮的基督徒。这两个对立的学派各有部分真理，然而并不是全部真理。

——《幸福之路》

放弃在征服幸福的过程中也起着一定的作用，这种作用比努力所起的作用并不逊色。虽然聪明的人不愿意在可以防止的不幸面前坐视不管，但他不愿意在不可避免的灾难上徒费时间和精力，而且即使这些灾难本身是可以战胜的，但只要它们会引起时间和精力的过分消耗，以致妨碍他追求更为重大的目标，那么他也宁愿屈服，许多人为了一点不顺心的小事便会焦虑不安或者过分恼怒，这样就空耗了不少有用的精力。

——《幸福之路》

一个人即使在追求真正重要的目标时，也不应该陷得太深，使可能出现失败的想法长久地困扰着自己，威胁心灵之平静安宁。

——《幸福之路》

一个遭受了彻底失败而对重大成就失去了希望的人，可能学会绝望地放弃。如果他真的学会了这种放弃，他便会抛开所有的重要活动，并用宗教教义或者用感到上帝的存在才是人生的真正目标这种学说来掩饰自己的绝望。然而无论他用何种伪装来隐藏内心的失败感，归根到底他是无用的和不幸福的。而将放弃建立在倔强的希望之上的人，则做得完全不一样。倔强的希望一定是伟大而非个人的。

——《幸福之路》

一个从焦虑的王国中解放出来的人，将发现生活远比自己成天伤脉动气的时候愉快轻松。

——《幸福之路》

在面对自我的真相时，虽然开始时会有一定的痛苦，但最终却给予你一种保护——实在是唯一可能的保护——使你免遭自欺者常有的失望和幻灭感。没有什么比天天试图相信越来越变得不可信的东西更令人疲倦了，如果长此以往，那就是更令人恼怒的了。放弃这一努力，乃是获得可靠而又持久的幸福的必要条件。

——《幸福之路》

把少量的时间用于学会鉴别事实，这不是浪费，因为以后所做的事便不大可能是有害的，而那些需要自我的一贯膨胀来刺激其精力的人，他们做的工作就不同了。

——《幸福之路》

11. 热　情

热情与生活的关系，正如饥饿与食物的关系。厌食者对应于苦行者，饕谷之徒与骄奢淫逸者呼应，而美食家则对应于爱挑剔者，后者将生活的一半乐趣指责为缺乏美感。

——《幸福之路》

一个人的兴趣越广泛，他拥有的快乐机会就越多，而受命运之神操纵的可能性也就越小，因为即使失去了某一种兴趣，他仍然可以转向另一种。

——《幸福之路》

生命是短暂的，我们不可能事事都感兴趣，但对尽可能多的事物感兴趣总是一件好事，这些事物能令我们的岁月变得充实圆满。我们都容易患内省者的弊病，世界向他呈现出万千姿态，他却把自己的思想专注于内心的空虚。我们千万别把内省者的忧郁看得过高。

——《幸福之路》

由于事件只有通过我们对它们发生兴趣才有可能成为我们的经验，因此心灵必须自己为自己获取材料；如果事件不能激发我们的兴趣，我们便不会去利用它们。因而一个注意力向内的人会觉得一切都不值得他去关注，一个注意力向外的人，在他偶然审视自己的灵魂时，则会发现那些极其丰富、有趣的各类成分被解析和重组成了美妙的、富有教益的形式。

——《幸福之路》

在各种不同的情况下，对生活充满了热情的人比那些没有热情的人更加优越。即使那些不愉快的经验对那些热爱生活的人来说也有益处。

——《幸福之路》

热情有时是一般化的，有时是专门化的。它有时也许会变得极端专门化。

——《幸福之路》

比起对生活的一般热情来，非常专门的兴趣，作为幸福的源泉，是不会令人感到满意的，因为它很难填补一个人所有的时光，并且总面临着这样一种危险：他也许会在某一天全部理解那个已经成为他的爱好的特殊事物，因此感到兴味索然。

——《幸福之路》

我们所有不同的爱好和愿望必须适合于生活的总框架，如果它们要成为幸福的源泉，它们就得与健康的要求相一致，与我们钟爱的人的情感相一致，与我们生活于其中的社会相一致。

——《幸福之路》

一个过分发展了单一欲望的人，往往具有一种根深蒂固的烦恼，他时刻在寻求躲避无法摆脱的恐惧。

——《幸福之路》

真正的热情，不是那种实际上寻求忘却的热情，而是人类天性的一部分，除非它被种种不幸给扼杀了。

——《幸福之路》

小孩子们对他们看到的和听到的任何事情都充满兴趣；世界对他们来说充满了新奇；他们不停地以热烈的情感追求着知识，当然，这种知识不是那种学者式的知识，而是那种对引起他们注意的事物的熟悉过程。

——《幸福之路》

在女子那儿，虽说现在比以前要好一些，但在很大的程度上，她们的热情被一种错误的自尊观念极大地削弱了。人们往往认为，女子对男子抱一种明显的兴趣是可恶的，在公众面前表现出太多的活力也不怎么受人欢迎。为了学会不对男人感兴趣，她们常常学会了不对任何东西感兴趣，或者除了某种正当的行为外，不对任何其他行为感兴趣。

——《幸福之路》

众所周知，古代人把谦逊看作一种美德。在浪漫主义思潮和法国大革命的影响下，这种观点被许多人遗弃了，而支配一切的激情得到了赞美，哪怕这种激情是毁灭性的、反社会的，正像拜伦式的英雄们所具有的一样。然而，古人显然是对的，在完美的生活中，各种不同的活动之间必须保持着一定的平衡，任何一种活动都不能被推至极端，以至于其他活动都开展不了。

——《幸福之路》

合理的男子美德和合理的女子美德之间没有什么差别，至少没有传统所说的那种差别。对于女人正如对于男人一样，热情是幸福和健康的奥秘所在。

——《幸福之路》

12. 诚　实

我认为诚实不仅表现在言语上，而且表现在思想上。事实上，在我看来，思想上的诚实更为重要。我宁愿一个人有意为自己所做的一切撒谎，也不愿这个人先下意识地欺骗自己，然后想象自己正做一件具有美德和诚实的事。

——《幸福之路》

实际中，不诚实几乎总是恐惧的结果。在毫无恐惧中成长的孩子会是诚实的，其原因不是由于道德教育，而是由于他还不知道不诚实这种做法。受到智慧和友善护理的孩子的眼中充满坦诚的光，甚至对陌生人都有无畏的举止。而遭受严厉管辖和不停教导的孩子总是处于担心出现责骂的恐惧中，哪怕是他的举止正常也有越轨之忧。很小的孩子最初是不会撒谎的。撒谎可能是一种发现，源于对父母恐惧的迅速反应。孩子发现大人对他撒谎，且告知真情是很危险的，这种环境下他也学会了撒谎。这些情况要能避免，孩子就不会想到撒谎了。

——《幸福之路》

父母教育孩子撒谎是有罪的，孩子却知道父母撒过谎，自然父母的道德权威就失去了。对孩子说真话是非常新颖的观念。这一代之前，几乎没有人做过。我非常怀疑夏娃是否把苹果的实情告诉了该隐和亚伯，我确信她会告诉她的儿子们，说她从未吃过任何对她不利的东西。

——《幸福之路》

没受到压抑的孩子总有无数个问题，有些是智力问题，有些则相反。这些问题常常令人厌烦，有时回答起来很不妥。但必须尽最大努力诚实地作出回答。

——《幸福之路》